Umschlagfoto vorne: Bernd Brümmer
Umschlagfoto hinten: Manfred Pollert, www.pollert.de
Herstellung und Verlag: BoD — Books on Demand, Norderstedt

ISBN 9783756816040

Bernd Brümmer

Akkorde griffbereit

Inhalt

Das Griffdiagramm

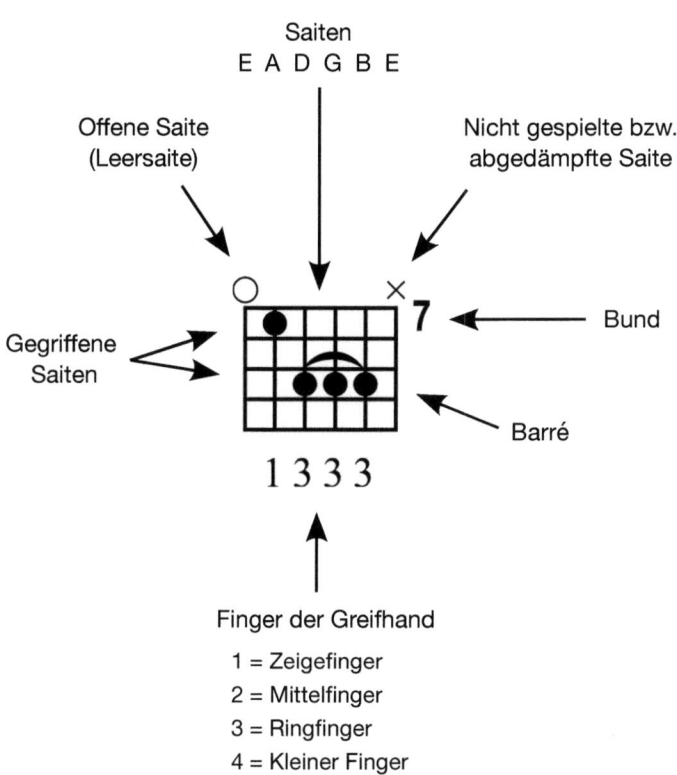

Saiten
E A D G B E

Offene Saite
(Leersaite)

Nicht gespielte bzw.
abgedämpfte Saite

Bund

Gegriffene
Saiten

Barré

1 3 3 3

Finger der Greifhand

1 = Zeigefinger
2 = Mittelfinger
3 = Ringfinger
4 = Kleiner Finger
T = Daumen (Thumb)

Akkordbezeichnungen am Beispiel A

Bezeichnung *	Synonyme	Töne **
A	Amaj, Ama	1 3 5
A/F#	*(Slash Chord: „A über F#")*	1 3 5 / 3
Asus^2	A^2	1 2 5
Asus^4	A^4	1 4 5
A^5	A omit 3, A no 3rd, An3	1 5
A^6		1 3 5 6
A$^{6/9}$		1 2 3 5 6
A^7		1 3 5 7
A^{7}sus^4		1 4 5 7
A$^{7\#9}$		1 #2 3 5 7
A^{maj7}	A^{ma7}, A^{M7}	1 3 5 M7
Aadd^9	Aadd^2	1 2 3 5
A^9	A$^{7/9}$	1 2 3 5 7
A^{maj9}		1 2 3 5 M7
Aaug	A$^{\#5}$, A+	1 3 #5
Aaug^7	A$^{7\#5}$, A+^{7}	1 3 #5 7
Am	Amin, Ami, A–	1 b3 5
Am^6	A–^{6}	1 b3 5 6
Am^7	A–^{7}	1 b3 5 7
Am^{7b5}	Ahalfdim, A^{ø7}	1 b3 b5 7
Am^{maj7}	Am^{ma7}, Am^{M7}	1 b3 5 M7
Am^9	Am$^{7/9}$	1 2 b3 5 7
Adim	A^{o}	1 b3 b5
Adim^7	A^{o7}	1 b3 b5 b7

* Ein Akkord besteht in der Regel aus mindestens drei unterschiedlichen Tönen. Der Grundton des Akkords wird als Großbuchstabe geschrieben. Der Großbuchstabe allein steht für einen Dur-Dreiklang. Alle Änderungen oder Erweiterungen werden hinter dem Großbuchstaben notiert. Am7 zum Beispiel bedeutet A-Moll mit kleiner Septime.

** Töne, aus denen der Akkord aufgebaut ist: 1 = Grundton, 2 = Große Sekunde bzw. None, #2 = Übermäßige Sekunde bzw. None, 3 = Große Terz, b3 = Kleine Terz, 4 = Reine Quarte, 5 = Reine Quinte, b5 = Verminderte Quinte, #5 = Übermäßige Quinte, 6 = Große Sexte, 7 = Kleine Septime, M7 = Große Septime

Die Akkordgriffe

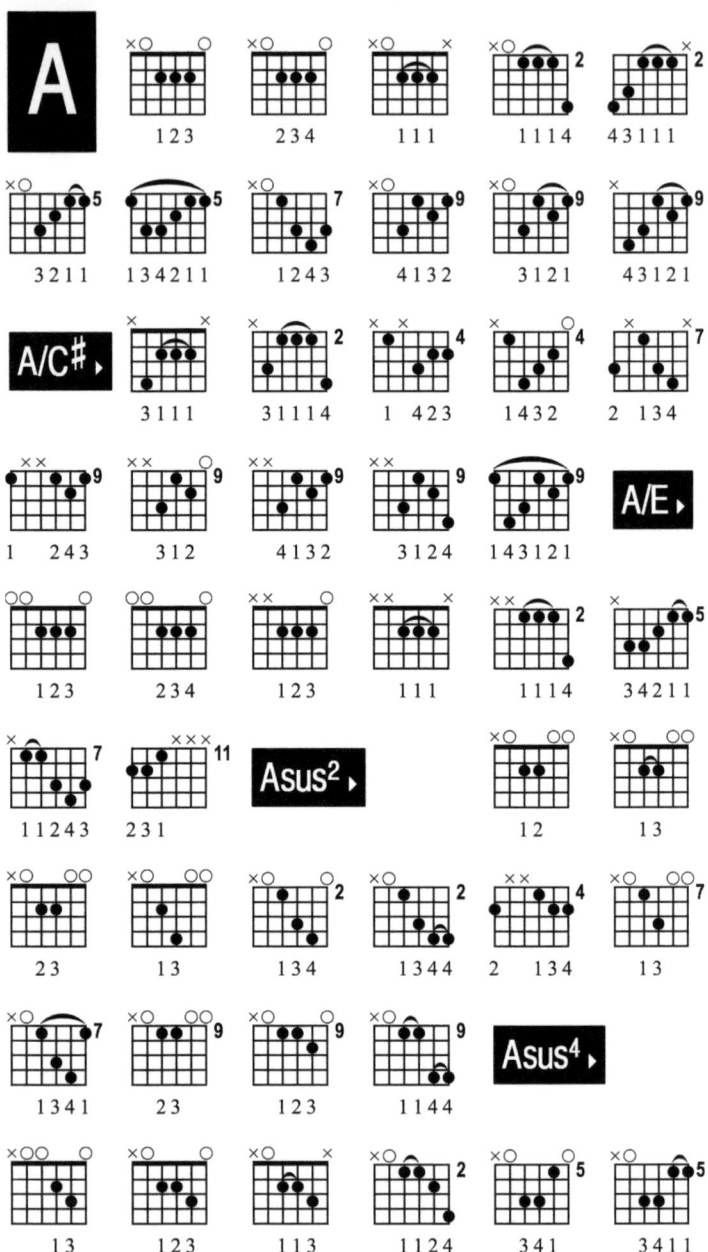

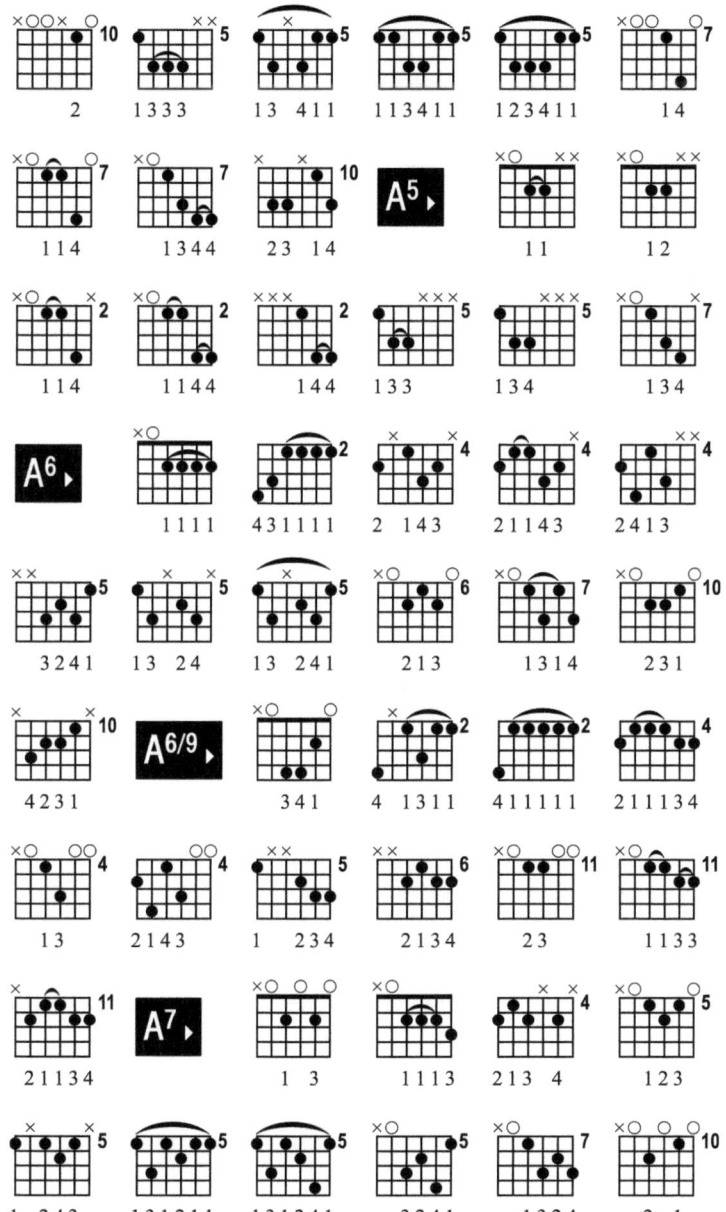

9

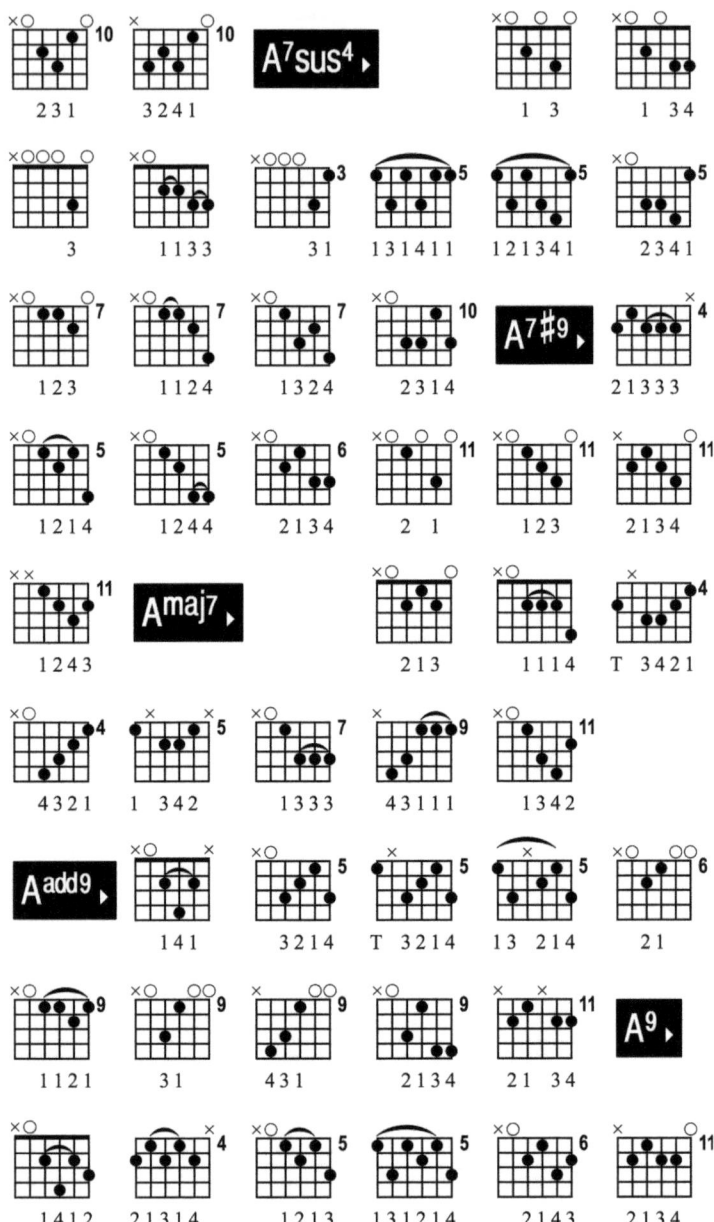

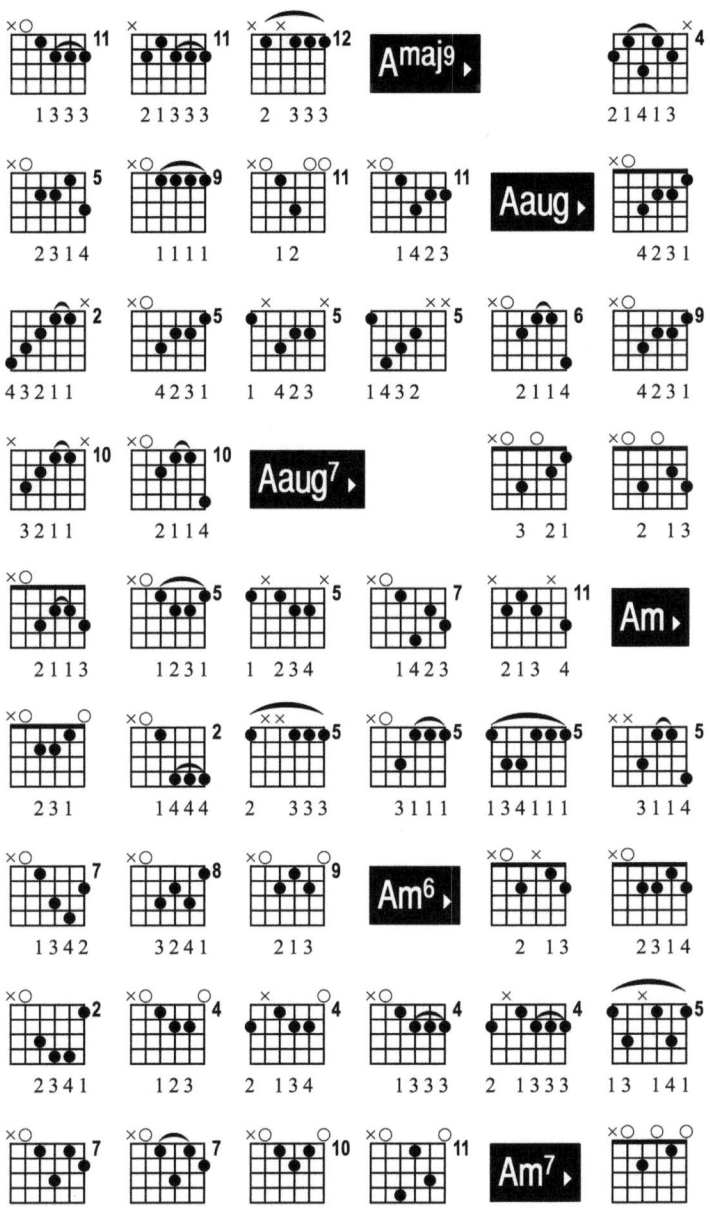

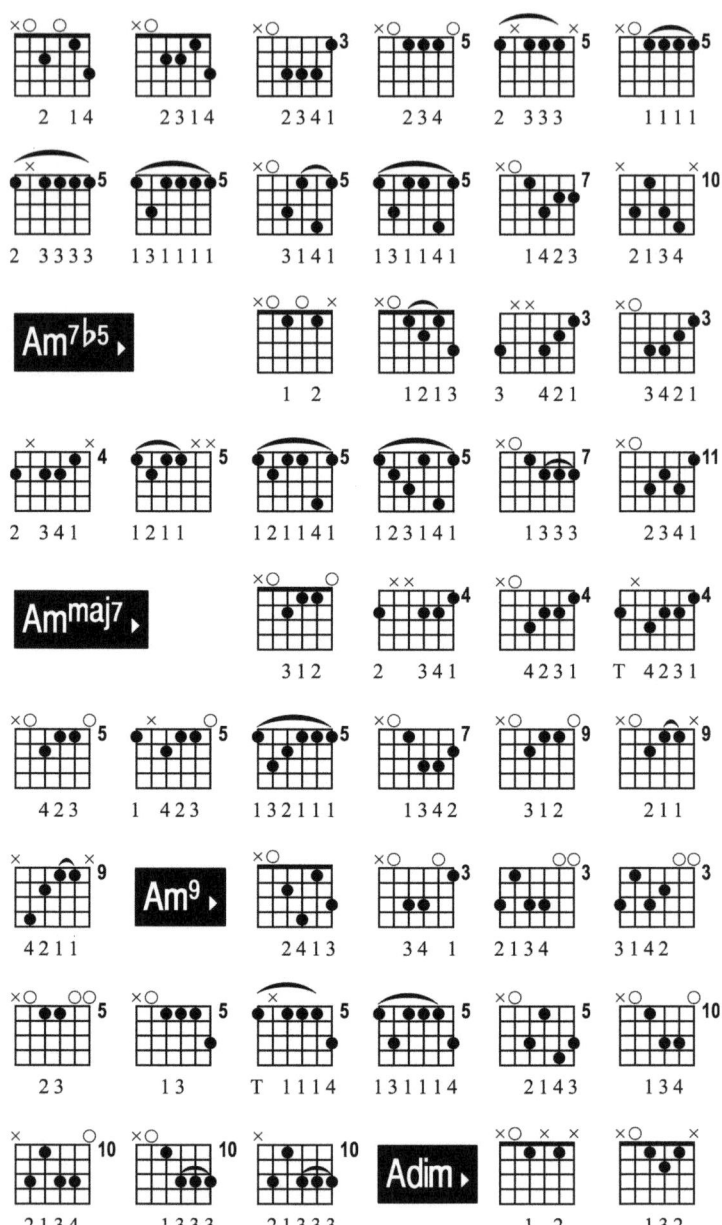

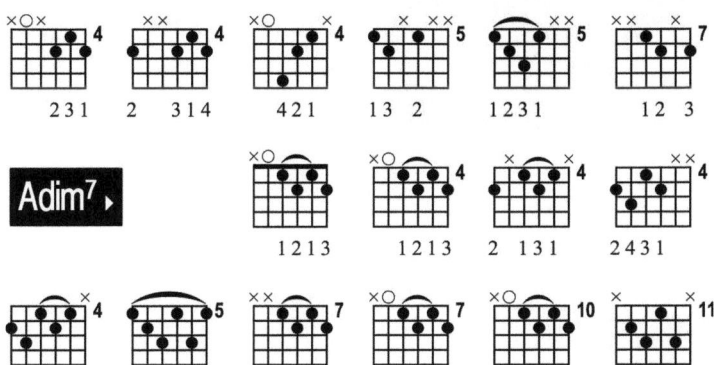

A♯ = B♭

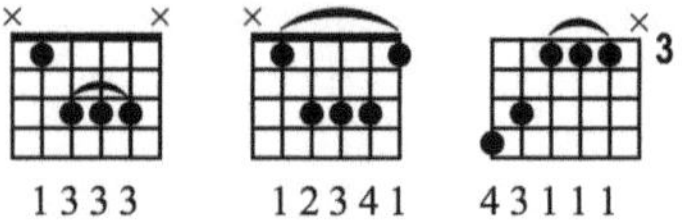

1333 12341 43111

1 32 3211 134211 1243 43121

A♯/D
231 144 3111 31114 1 423

1432 211 2 134 432 4132 1 243

124 3124 143121

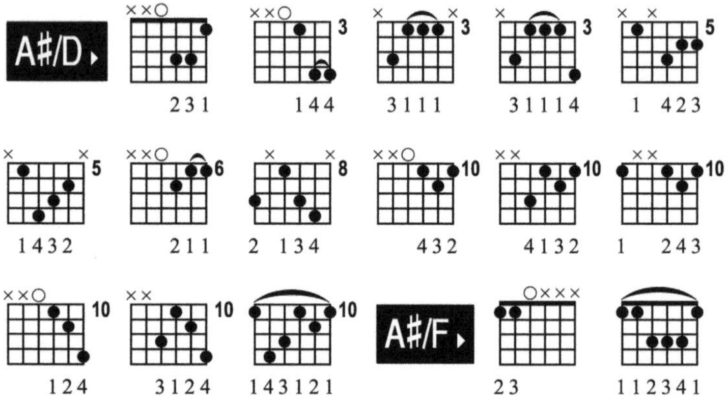

A♯/F
23 112341

11333 2341 333 1114 34211 11243

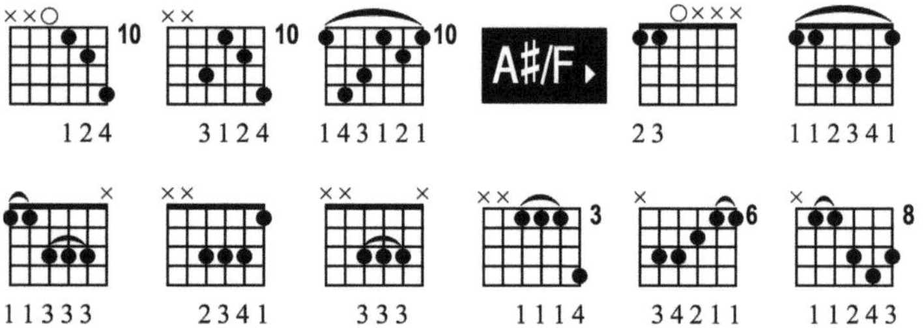

A♯sus²
13411 2 134 1341 4112

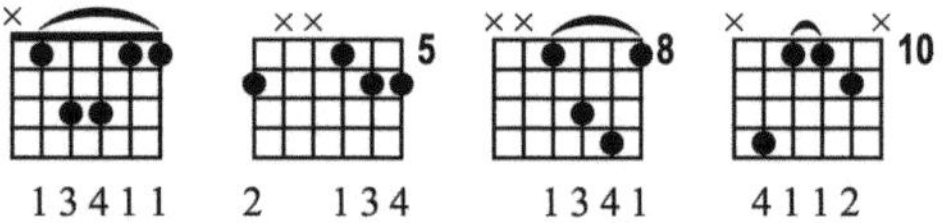

A♯sus⁴
12341 11341 1334 3411

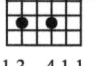   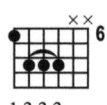 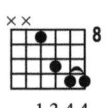 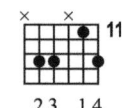

13 411 113411 123411 1333 1344 23 14

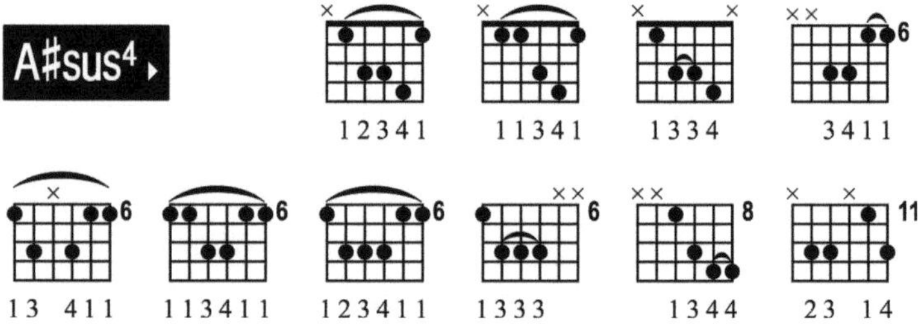

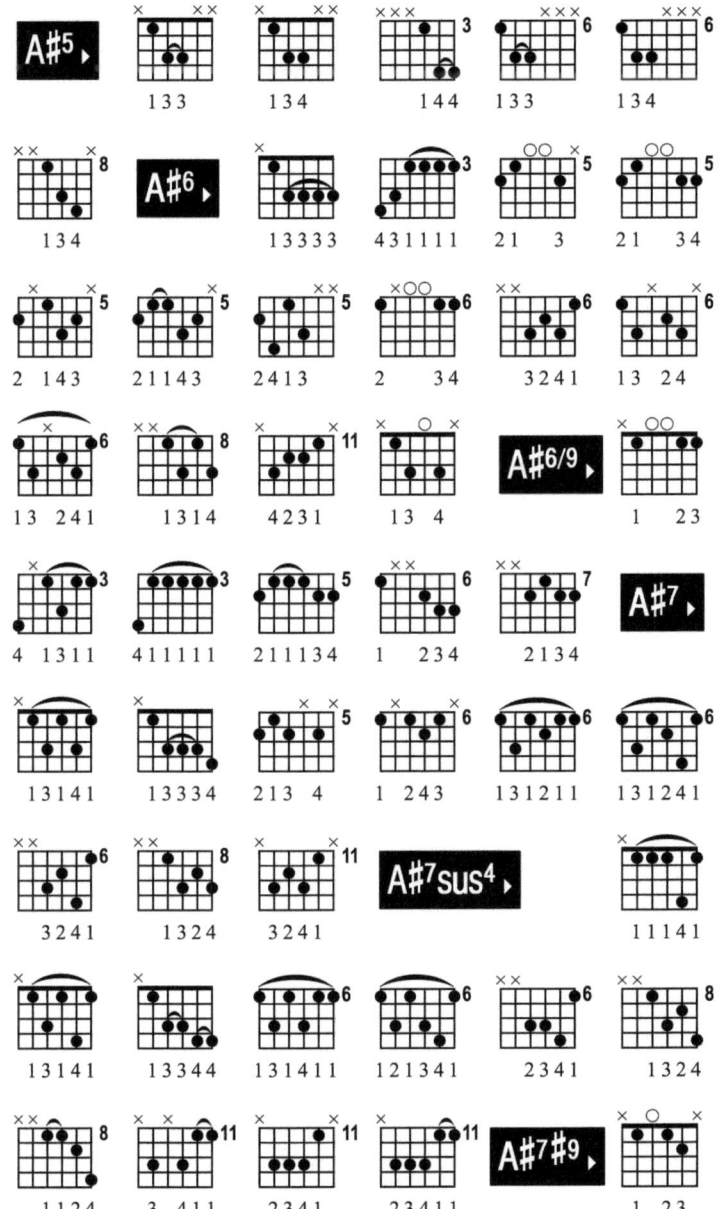

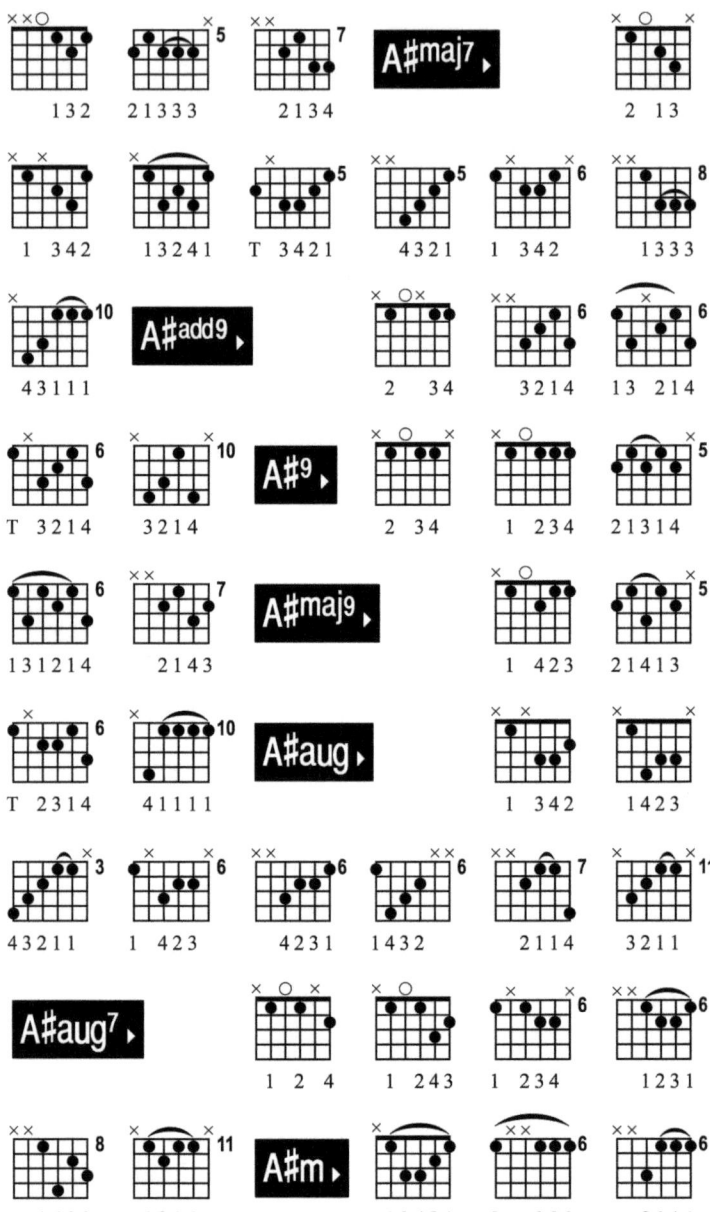

16

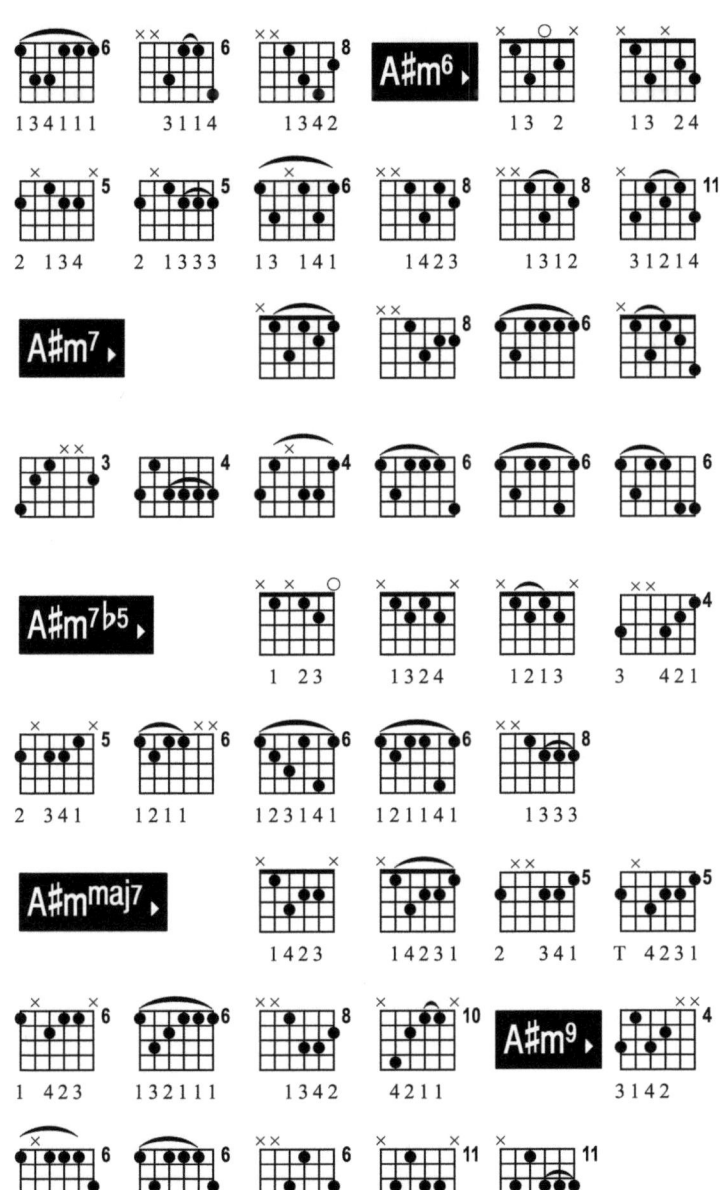

17

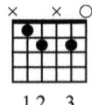
1 2　3

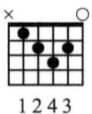
1 2 4 3

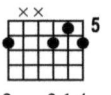
2　3 1 4

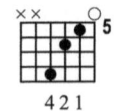
4 2 1

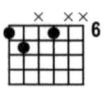
1 3　2

1 2 3 1

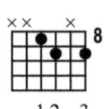
1 2　3

A#dim⁷ ▸

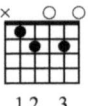
1 2　3

1 2　3 4

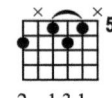
2　1 3 1

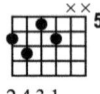
2 4 3 1

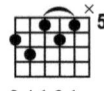
2 4 1 3 1

1 2 3 1 4 1

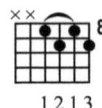
1 2 1 3

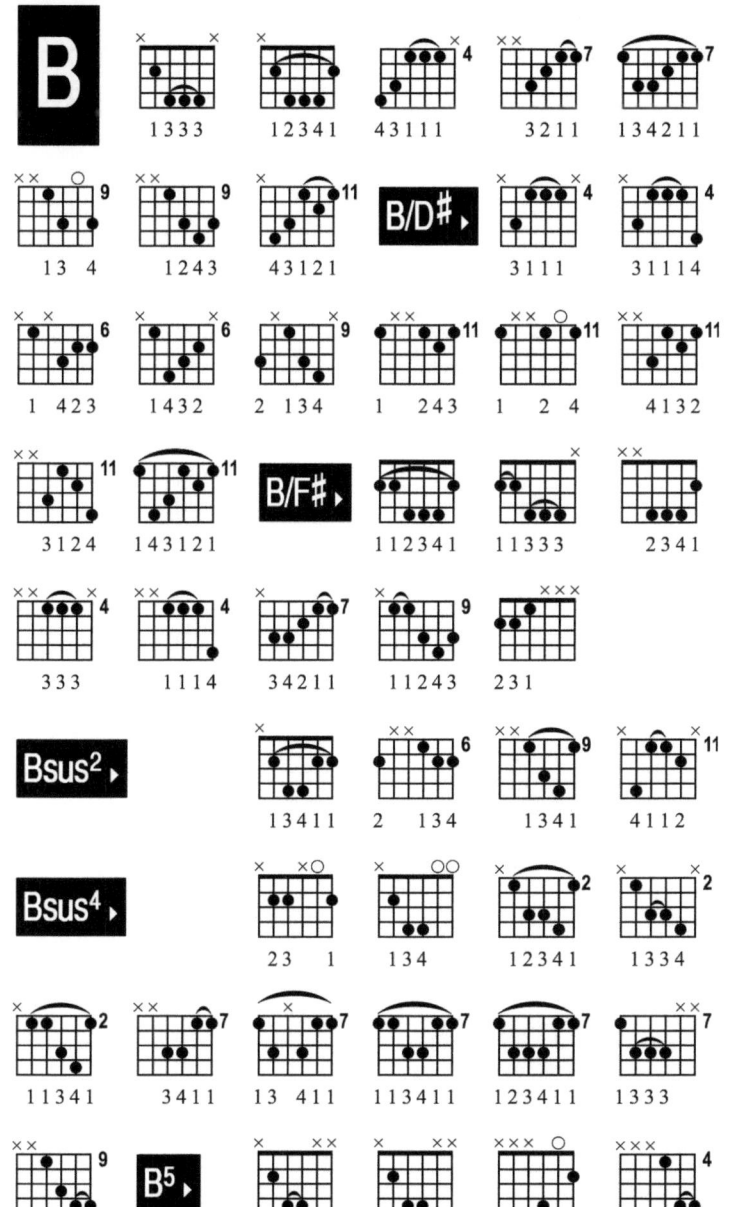

19

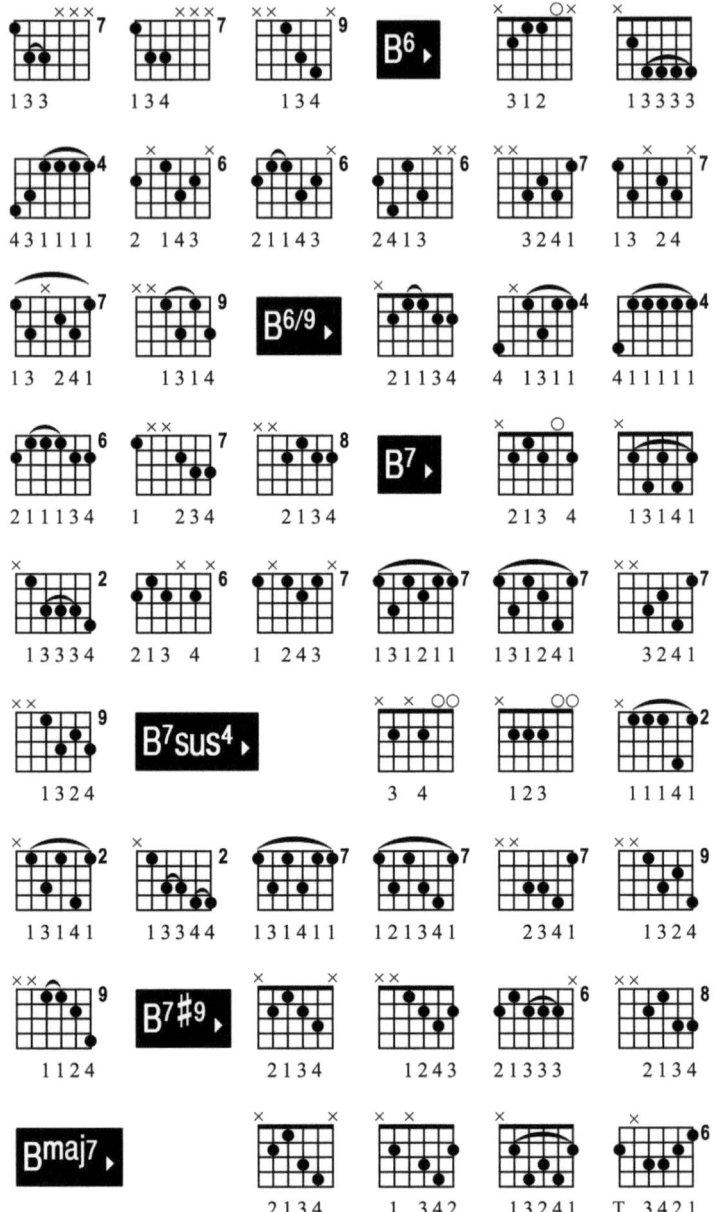

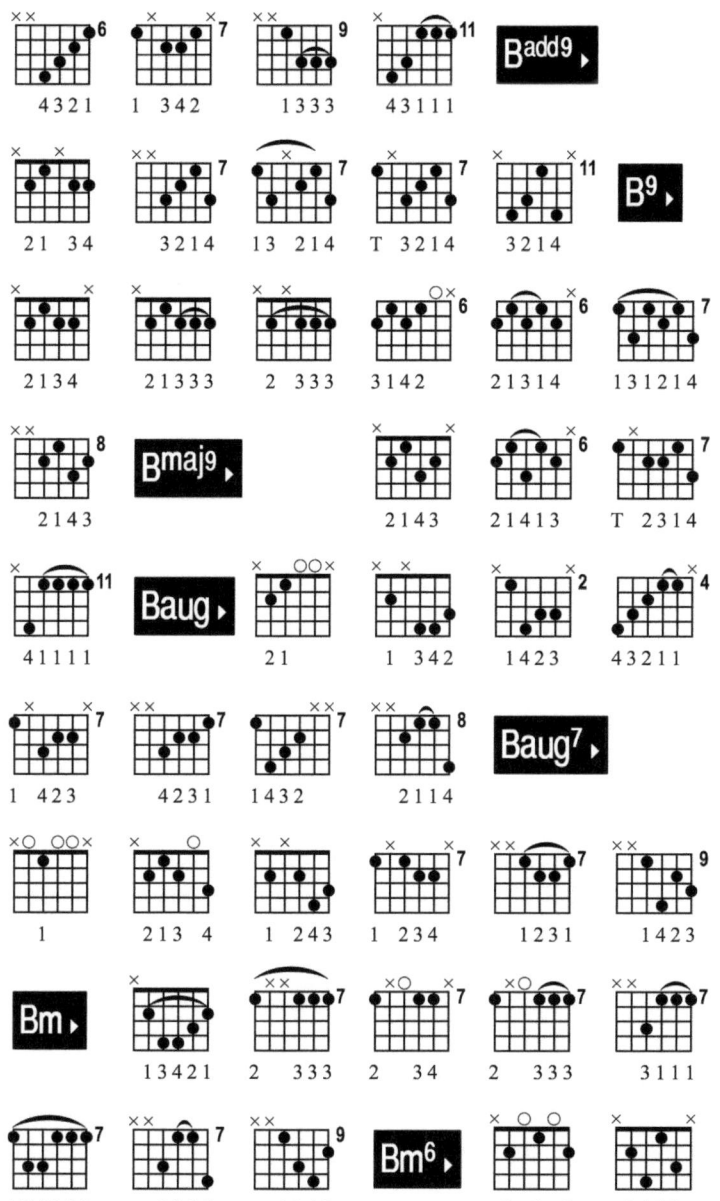

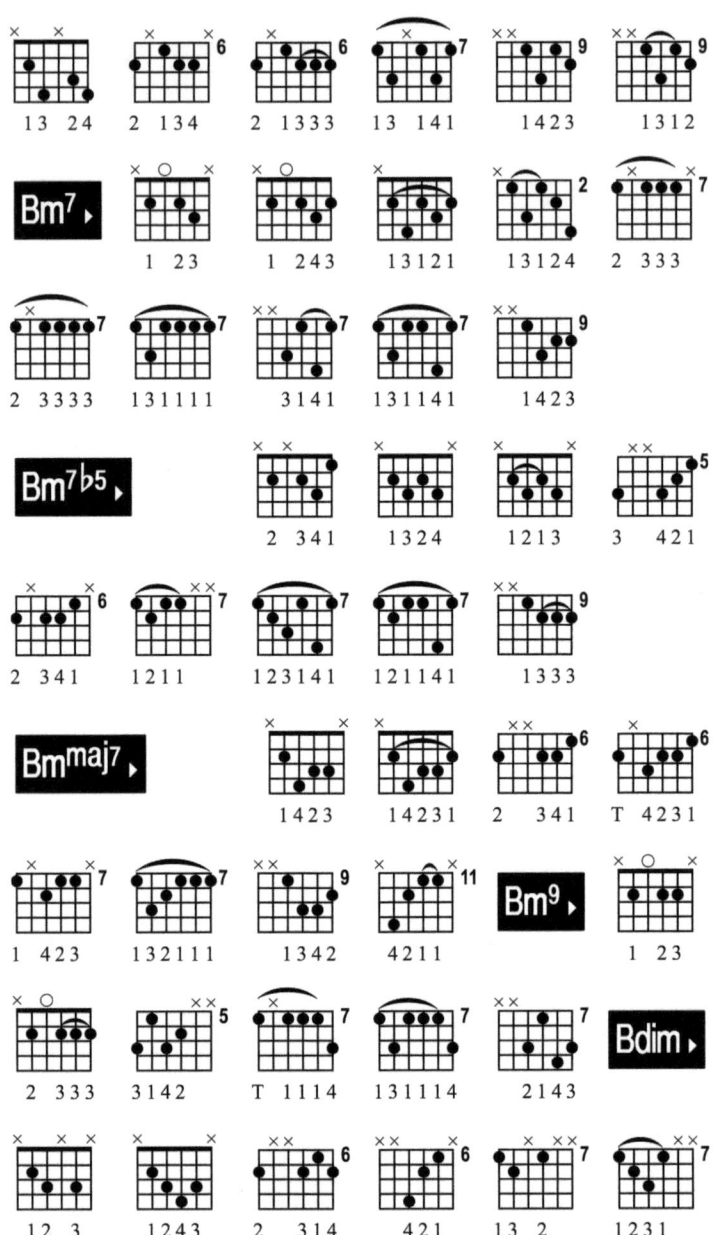

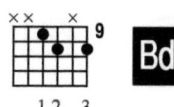

1 2   3

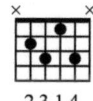

Bdim⁷ ▸

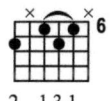

2 3 1 4

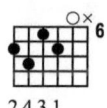

2   1 3 1

2 4 3 1

2 4 1 3 1

1 2 3 1 4 1

1 2 1 3

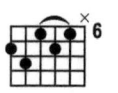

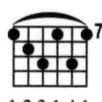

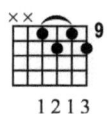

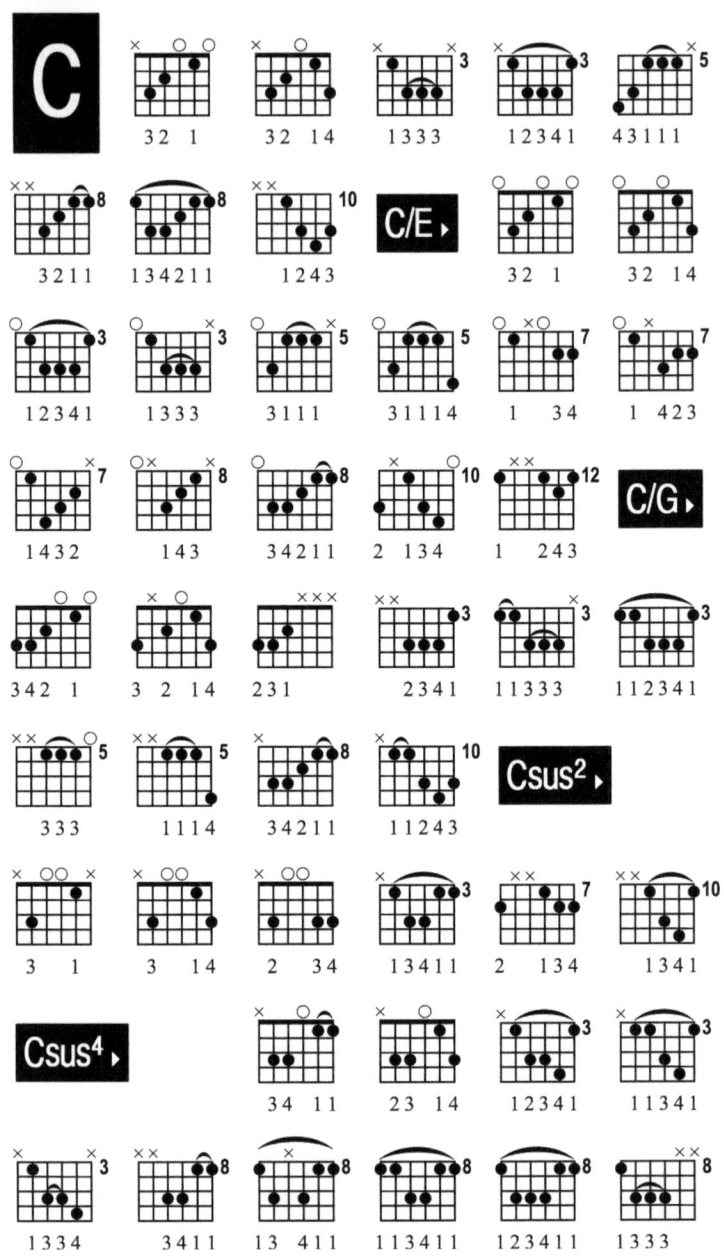

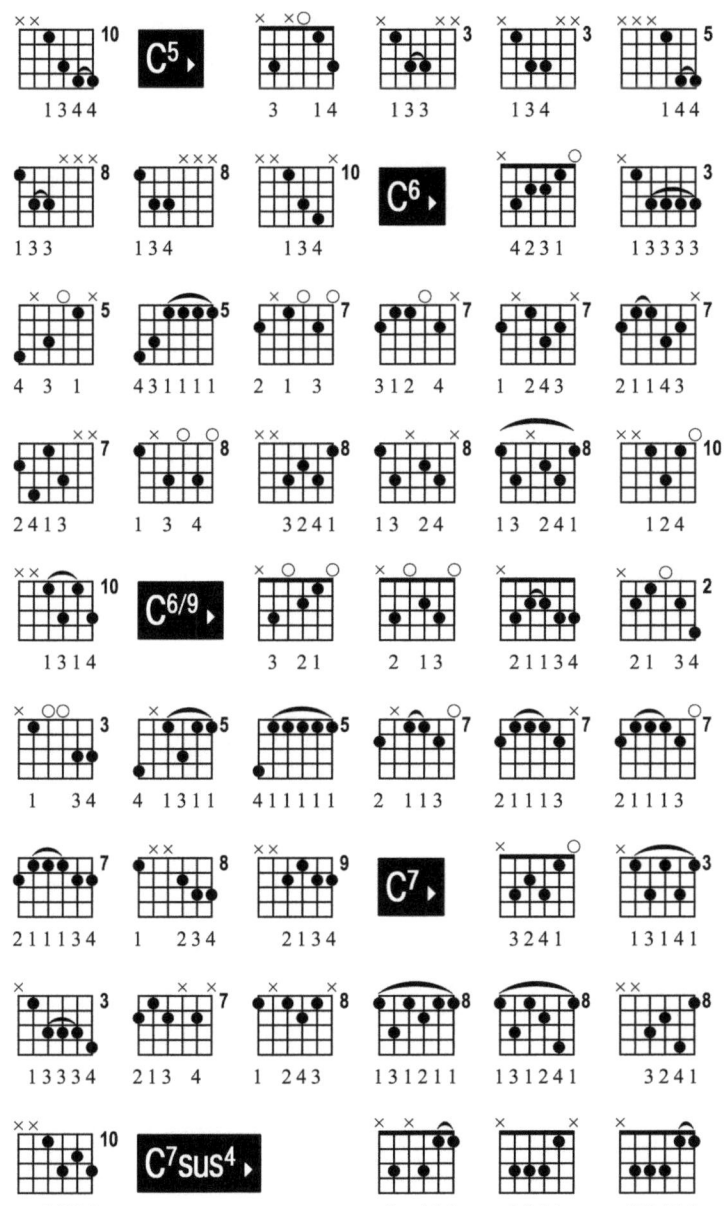

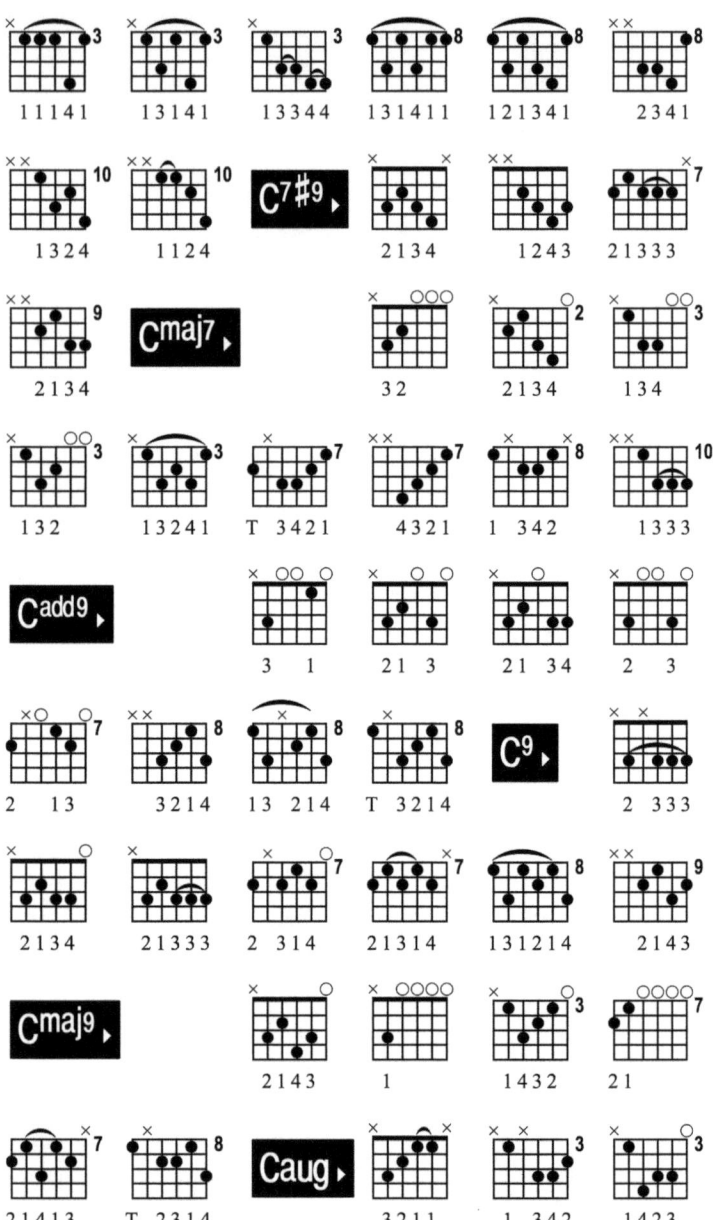

26

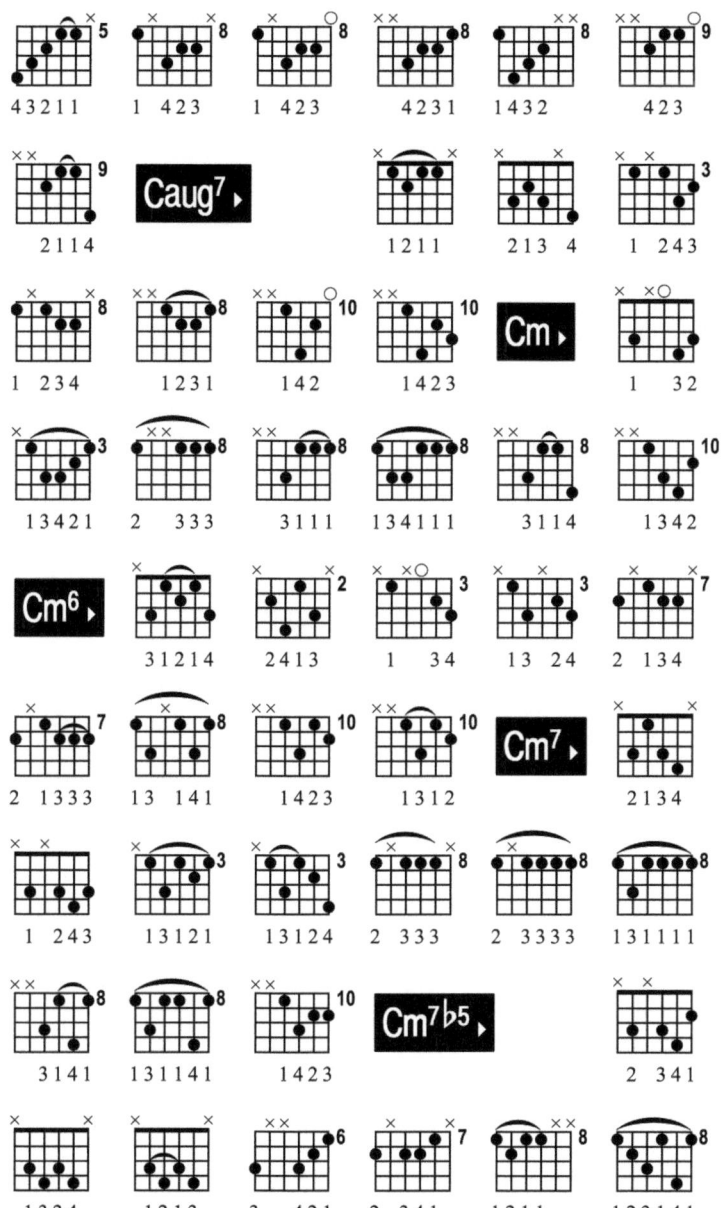

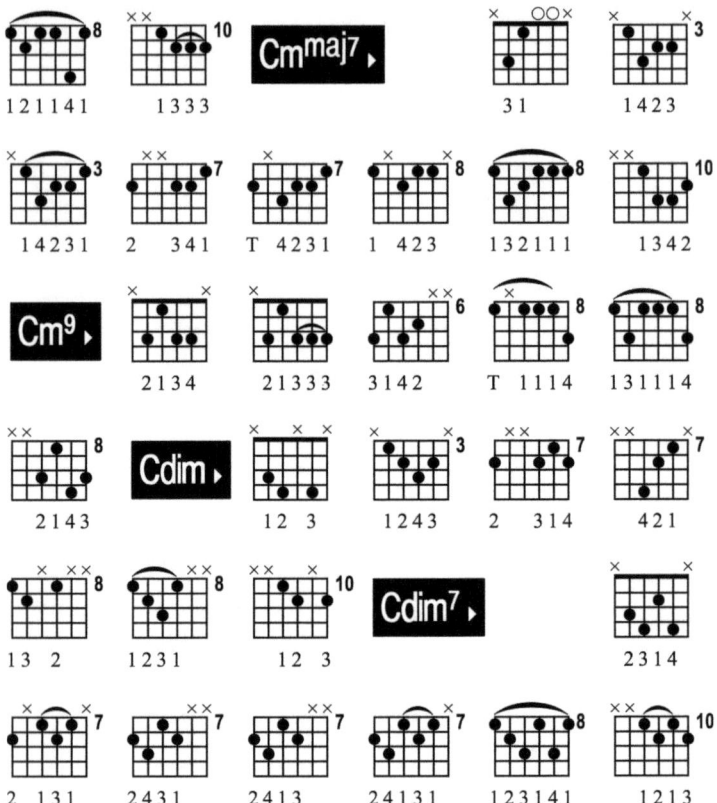

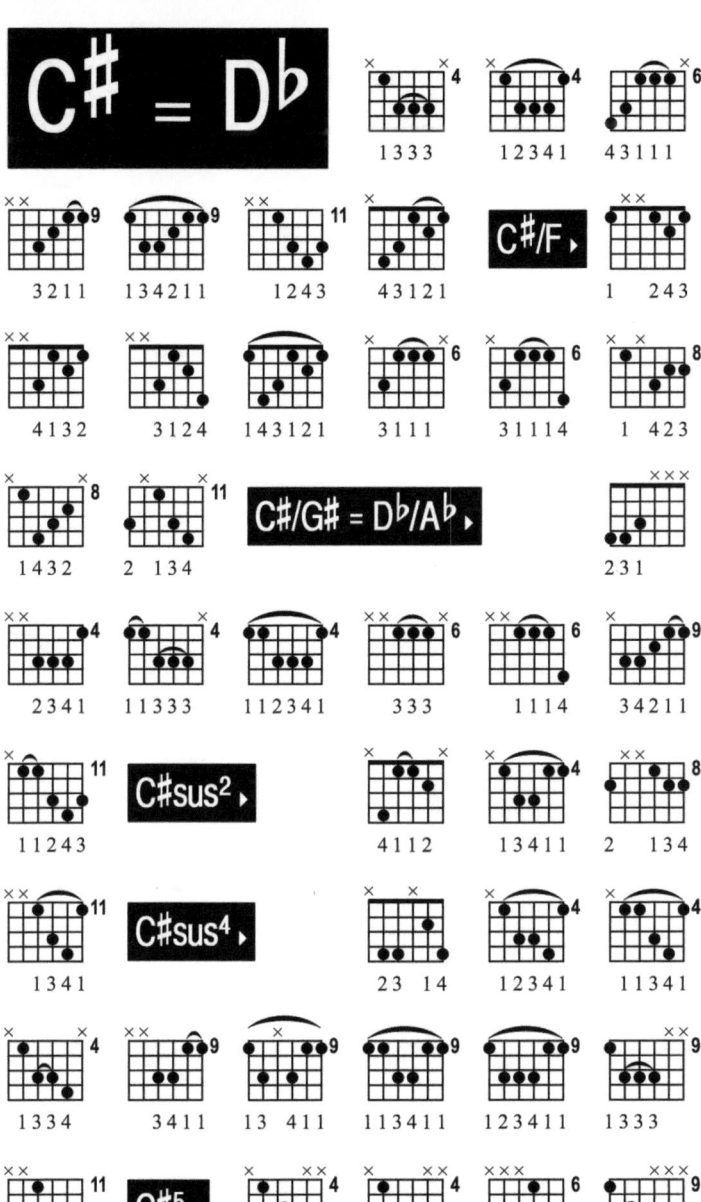

C# = Db

29

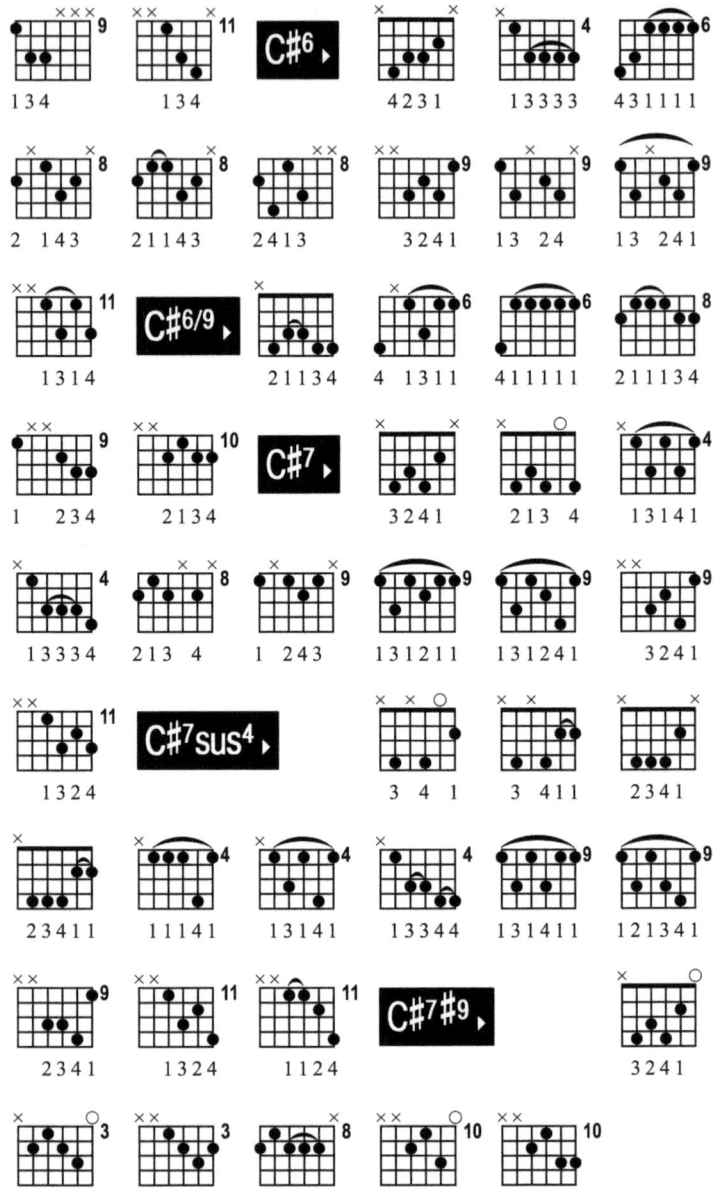

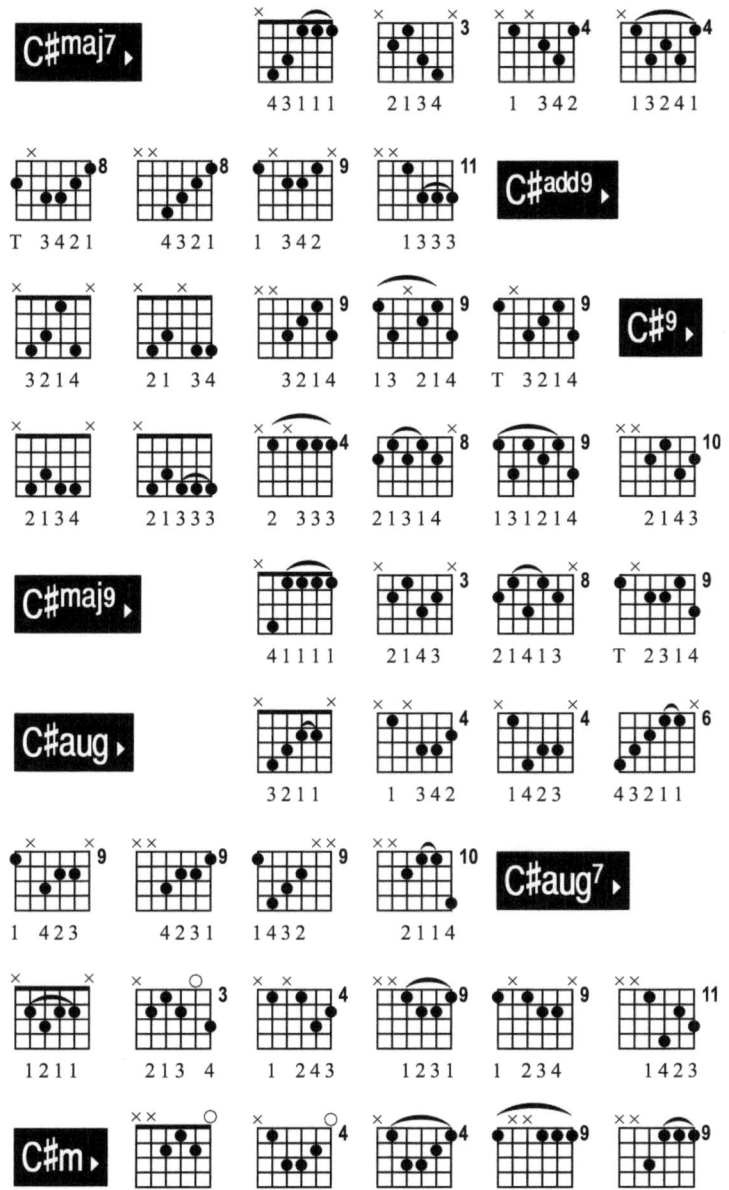

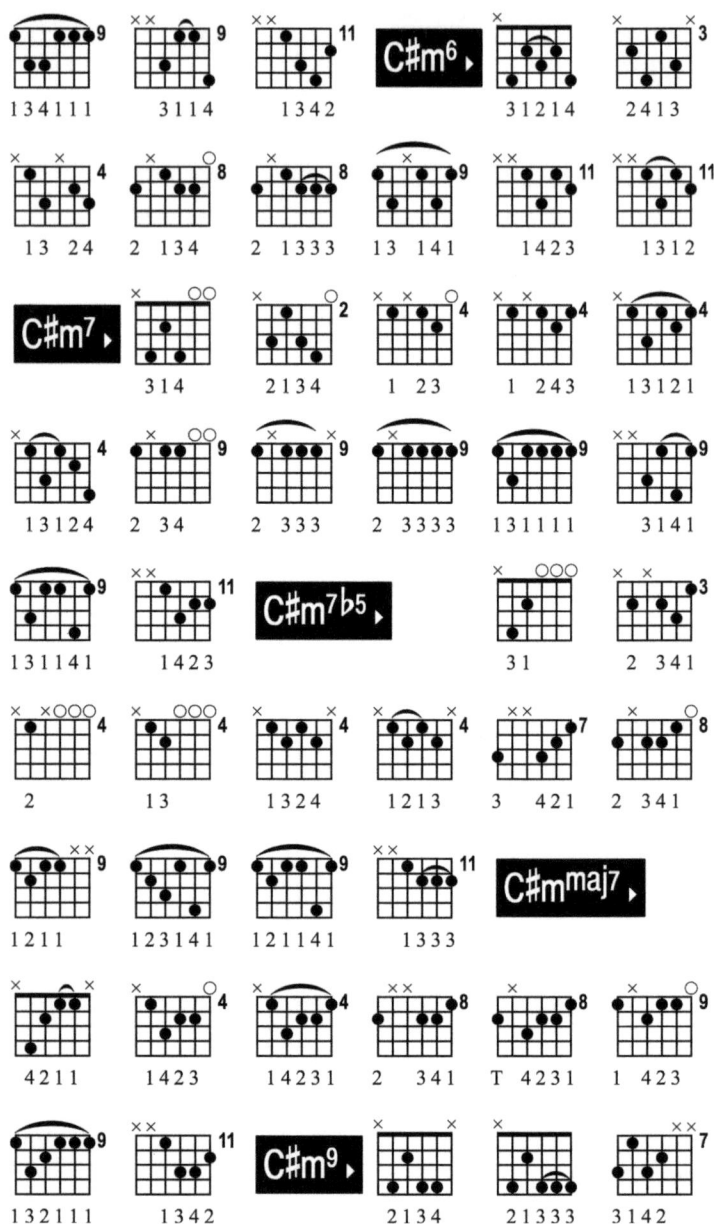

C#m6

C#m7

C#m7b5

C#mmaj7

C#m9

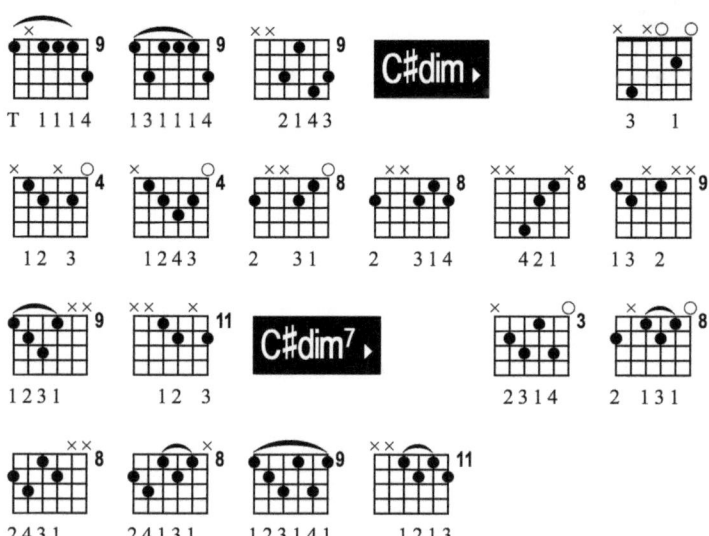

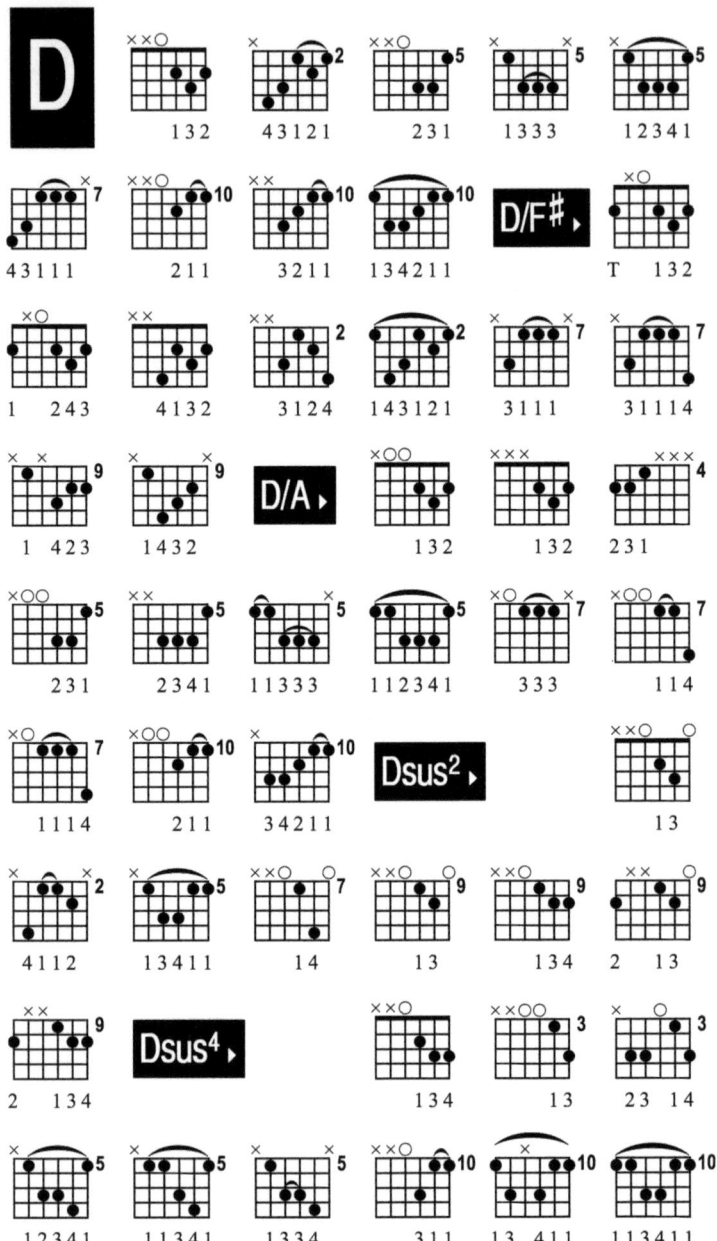

D

D/F#

D/A

Dsus²

Dsus⁴

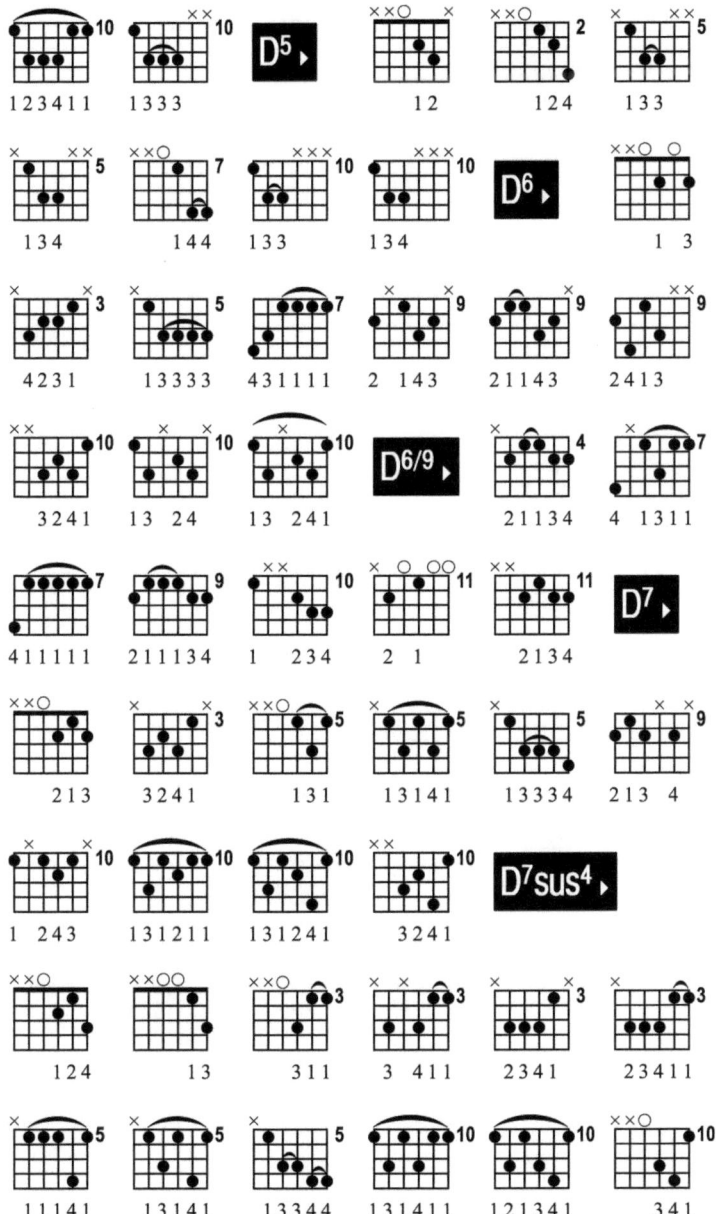

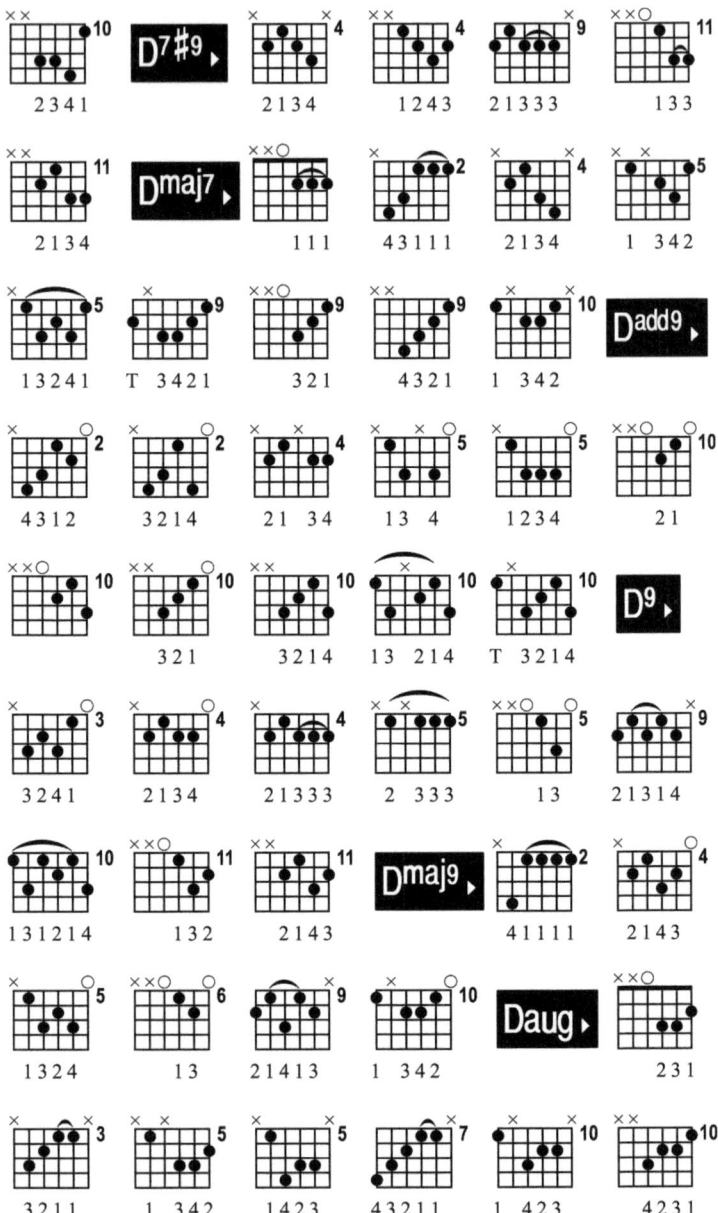

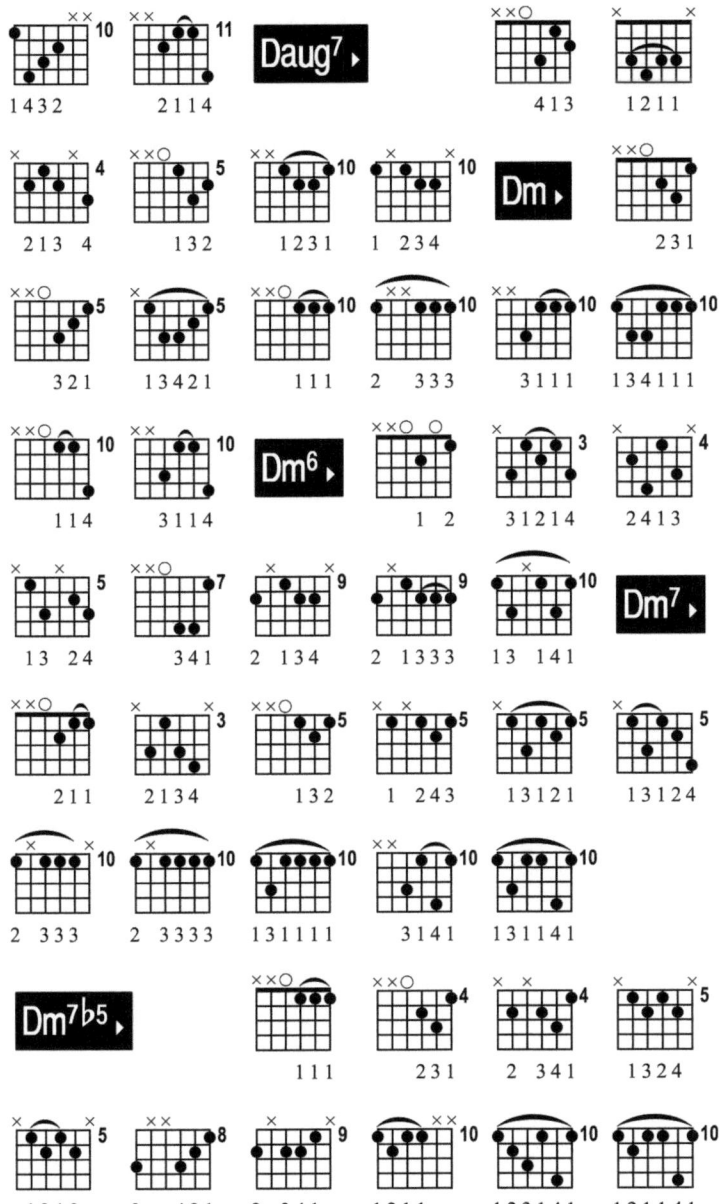

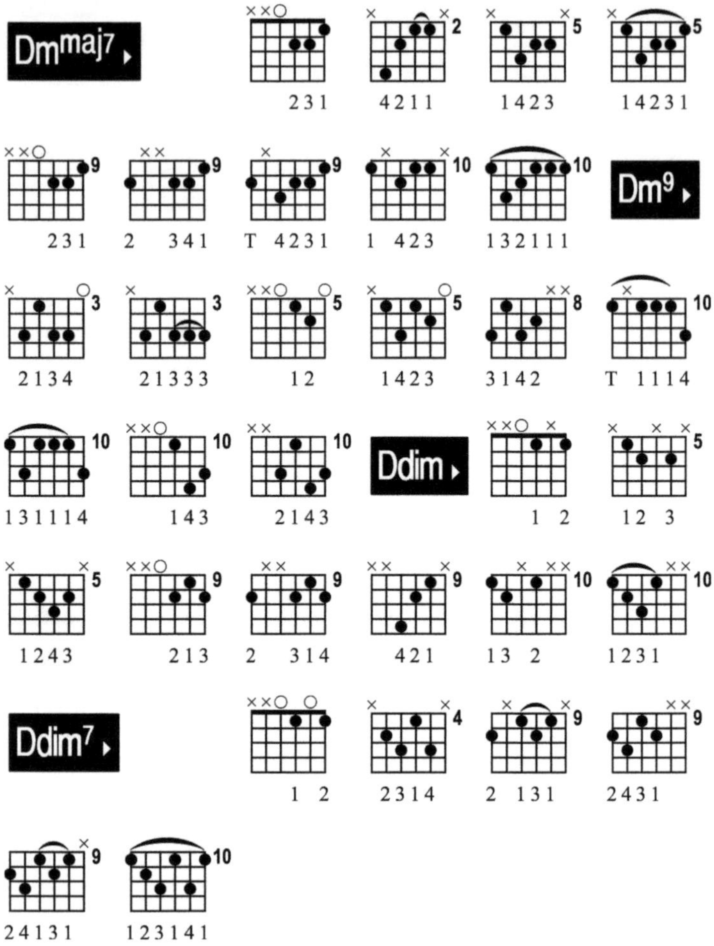

Dm^maj7 ▸

2 3 1   4 2 1 1   1 4 2 3   1 4 2 3 1

2 3 1   2   3 4 1   T 4 2 3 1   1   4 2 3   1 3 2 1 1 1   **Dm⁹** ▸

2 1 3 4   2 1 3 3 3   1 2   1 4 2 3   3 1 4 2   T   1 1 1 4

1 3 1 1 1 4   1 4 3   2 1 4 3   **Ddim** ▸   1   2   1 2   3

1 2 4 3   2 1 3   2   3 1 4   4 2 1   1 3   2   1 2 3 1

Ddim⁷ ▸

1   2   2 3 1 4   2   1 3 1   2 4 3 1

2 4 1 3 1   1 2 3 1 4 1

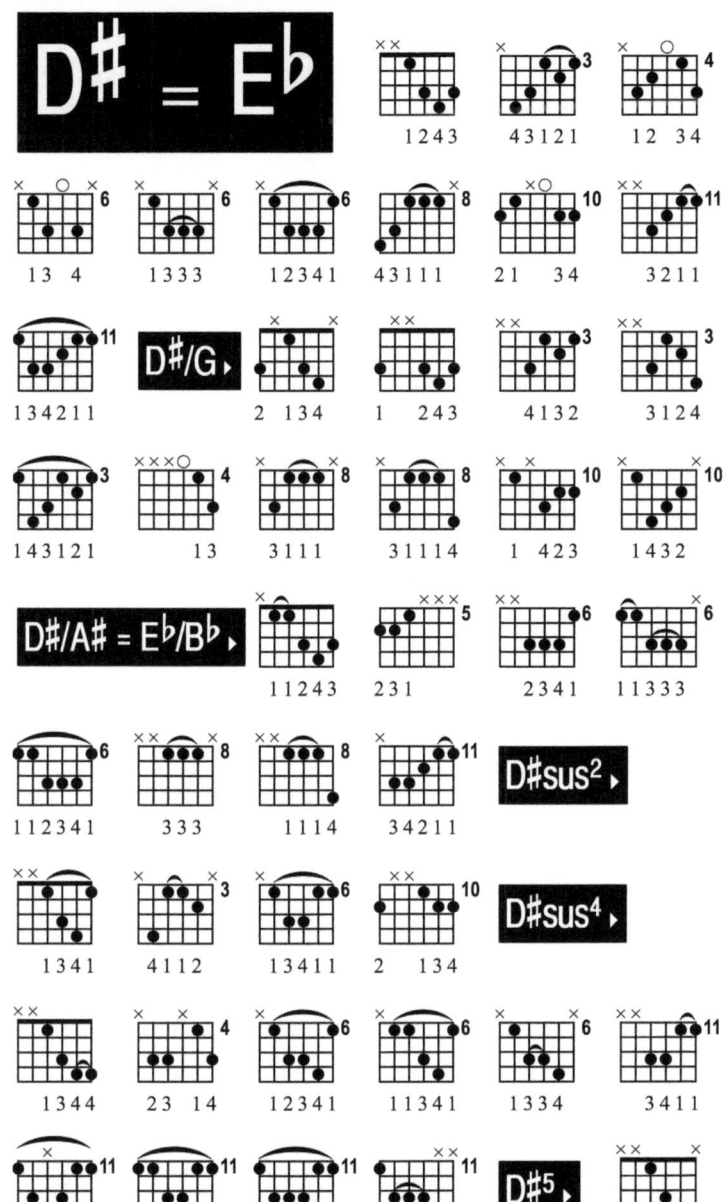

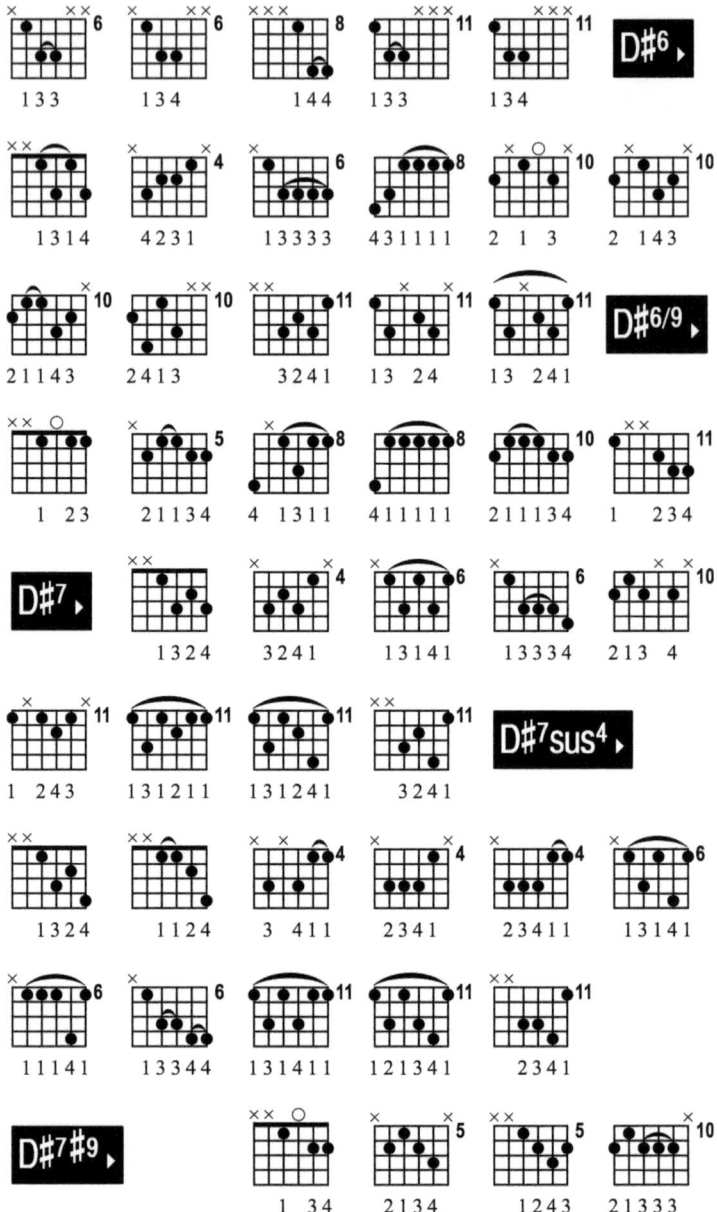

D#6

D#6/9

D#7

D#7sus4

D#7#9

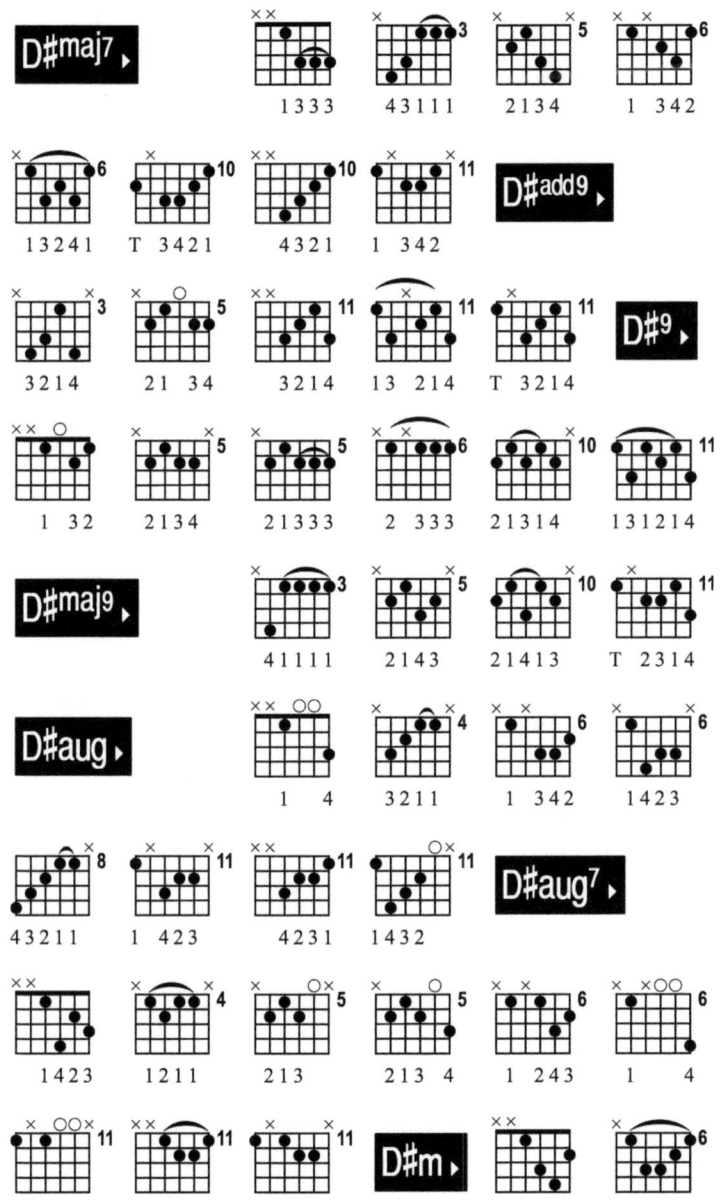

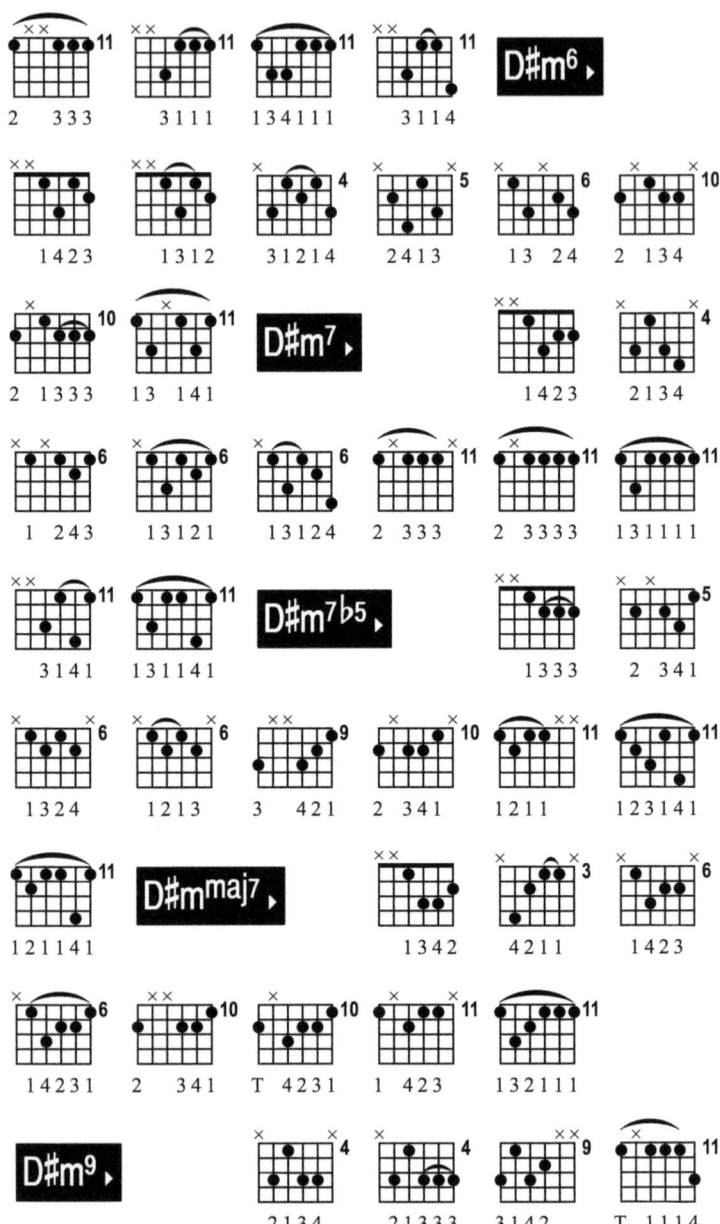

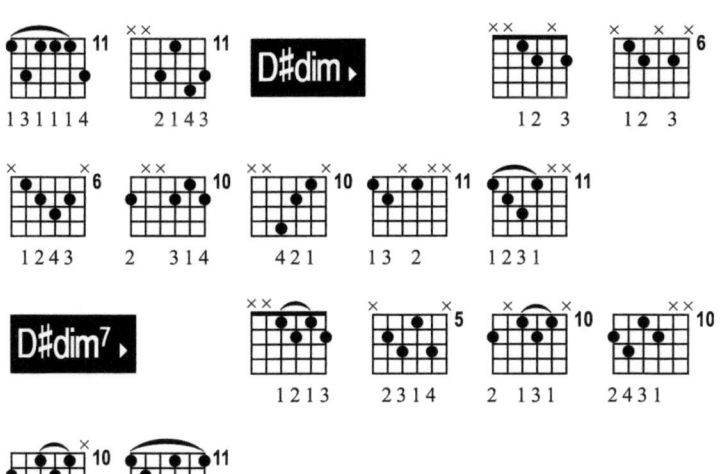

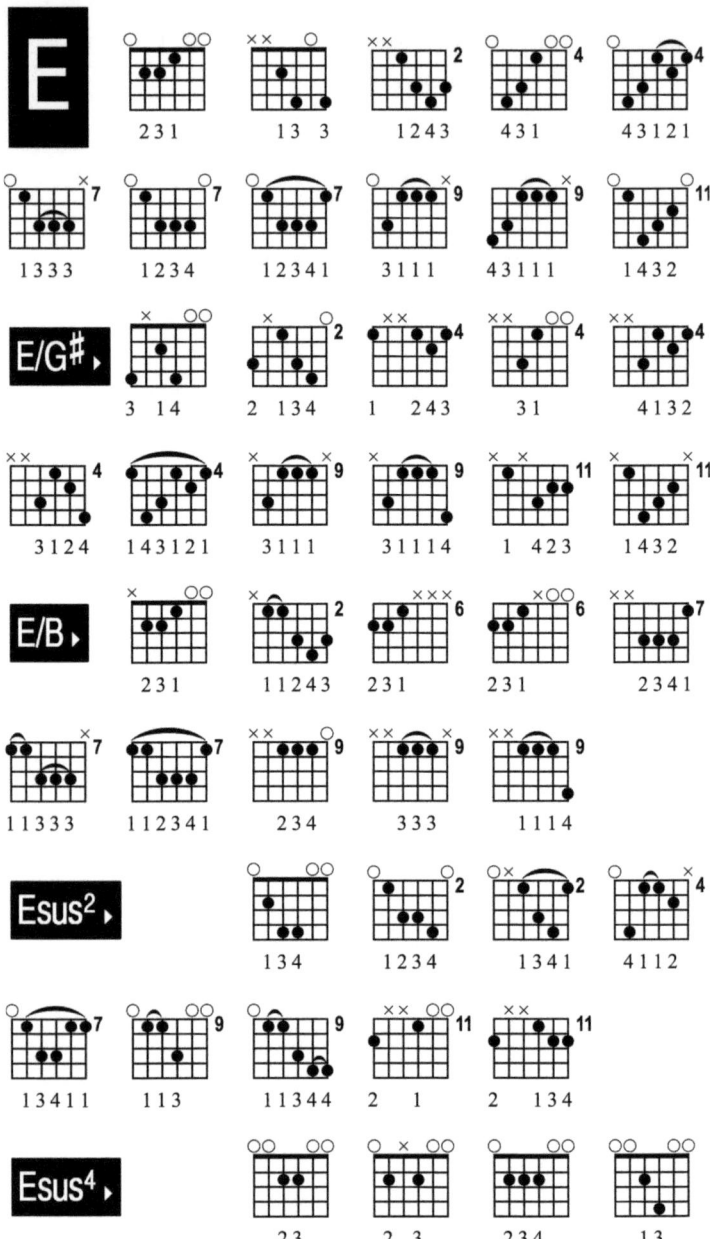

44

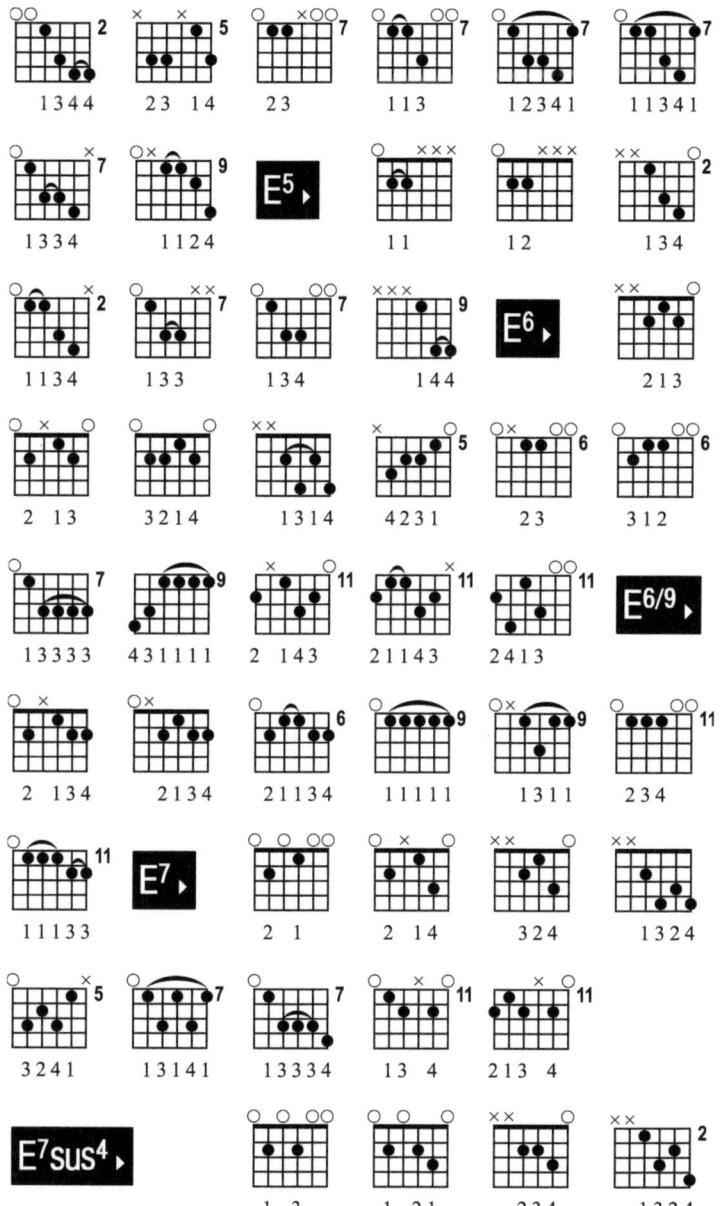

E⁵ ►

E⁶ ►

E⁶/⁹ ►

E⁷ ►

E⁷sus⁴ ►

45

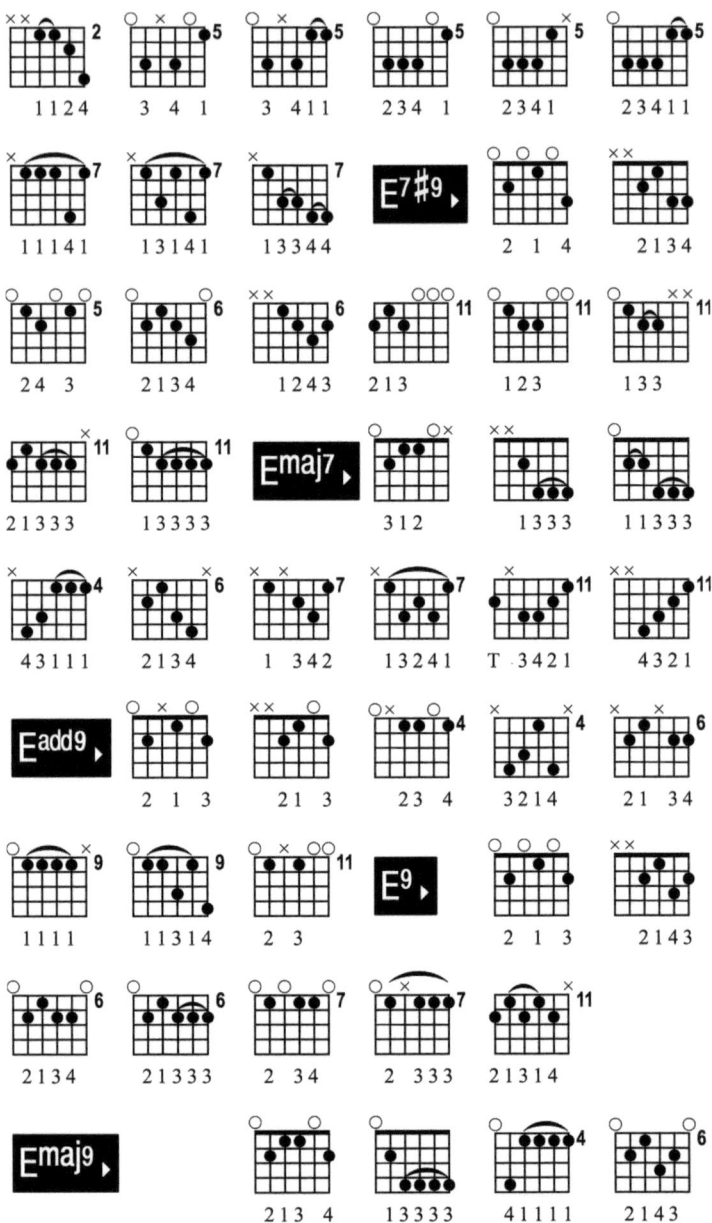

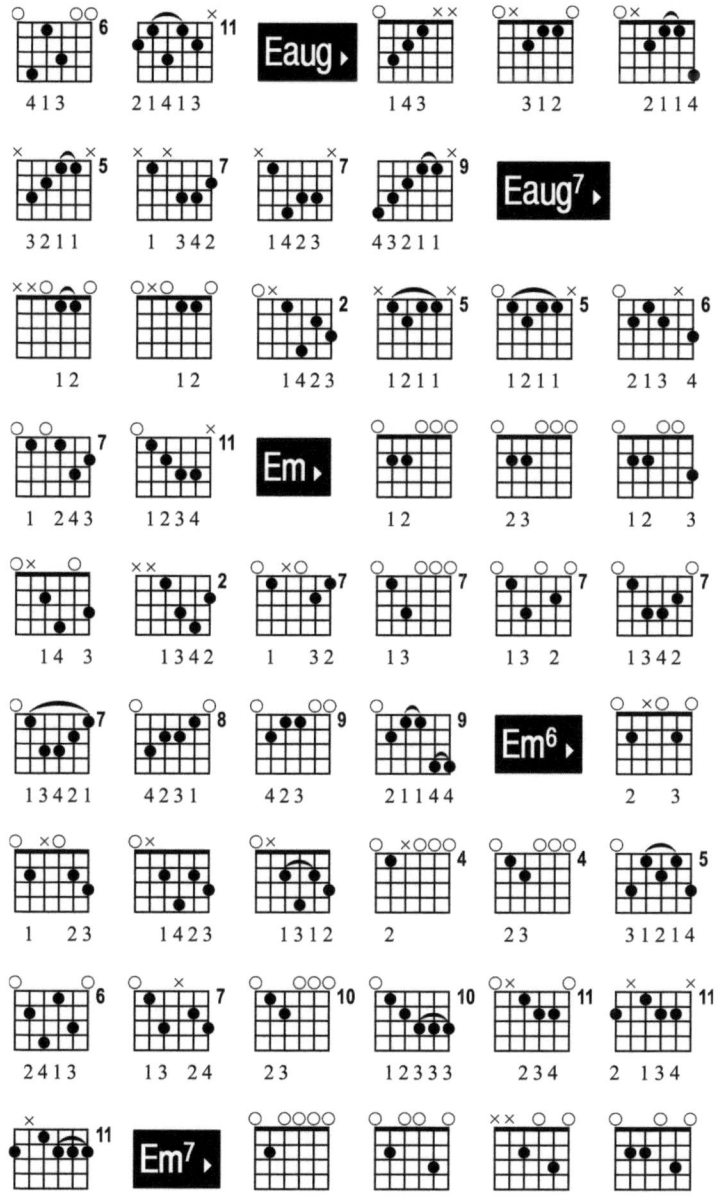

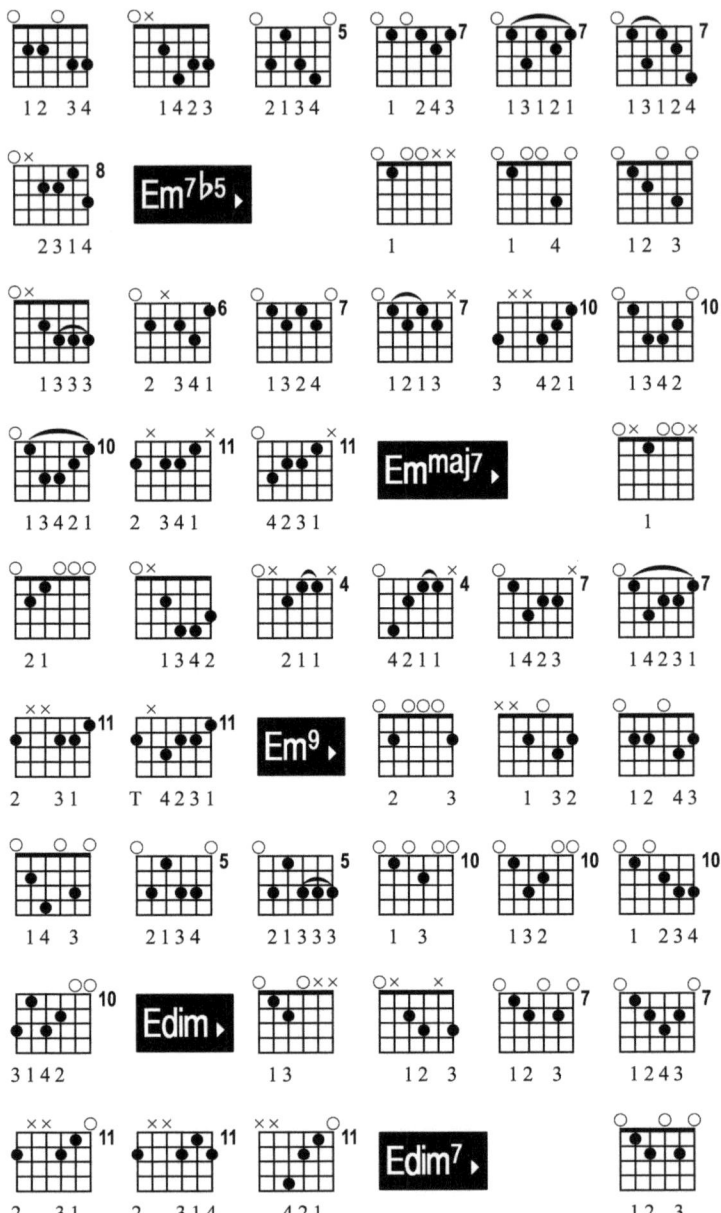

1 2 3 4   1 4 2 3   2 1 3 4   1 2 4 3   1 3 1 2 1   1 3 1 2 4

2 3 1 4   Em⁷ᵇ⁵   1   1 4   1 2 3

1 3 3 3   2 3 4 1   1 3 2 4   1 2 1 3   3 4 2 1   1 3 4 2

1 3 4 2 1   2 3 4 1   4 2 3 1   Emᵐᵃʲ⁷   1

2 1   1 3 4 2   2 1 1   4 2 1 1   1 4 2 3   1 4 2 3 1

2 3 1   T 4 2 3 1   Em⁹   2 3   1 3 2   1 2 4 3

1 4 3   2 1 3 4   2 1 3 3 3   1 3   1 3 2   1 2 3 4

3 1 4 2   Edim   1 3   1 2 3   1 2 3   1 2 4 3

2 3 1   2 3 1 4   4 2 1   Edim⁷   1 2 3

48

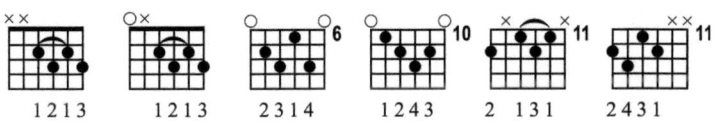

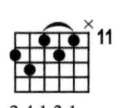

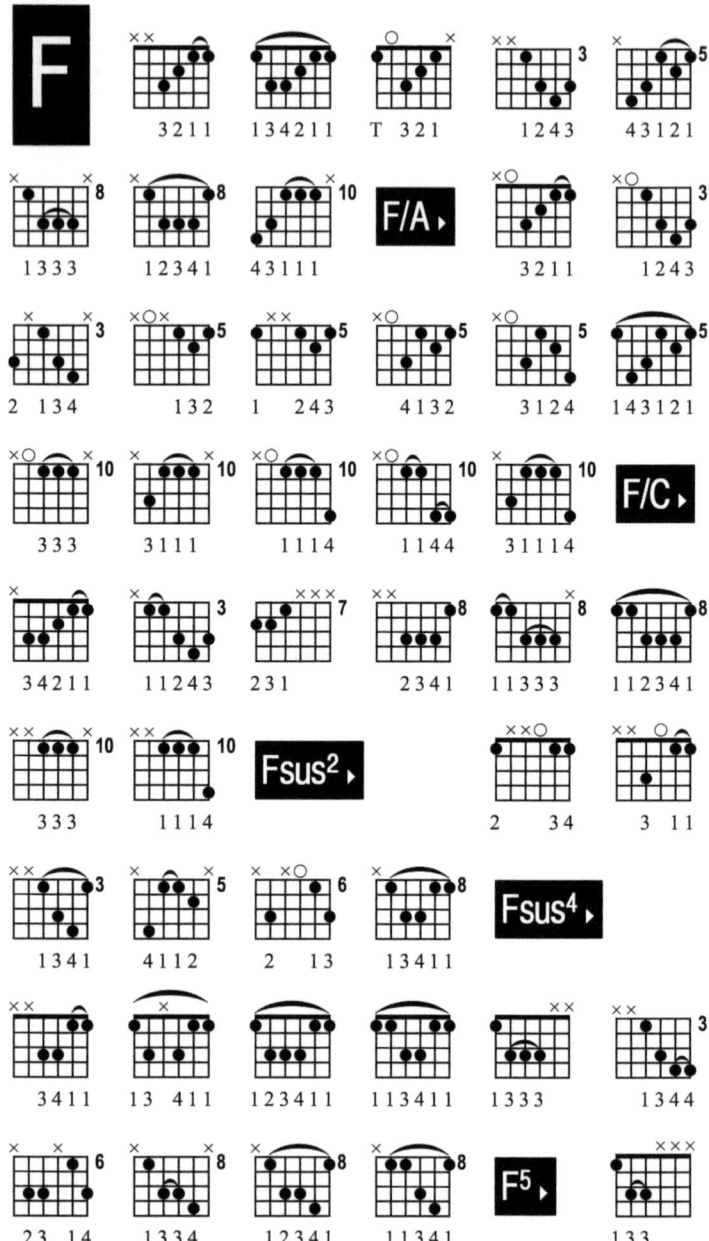

F

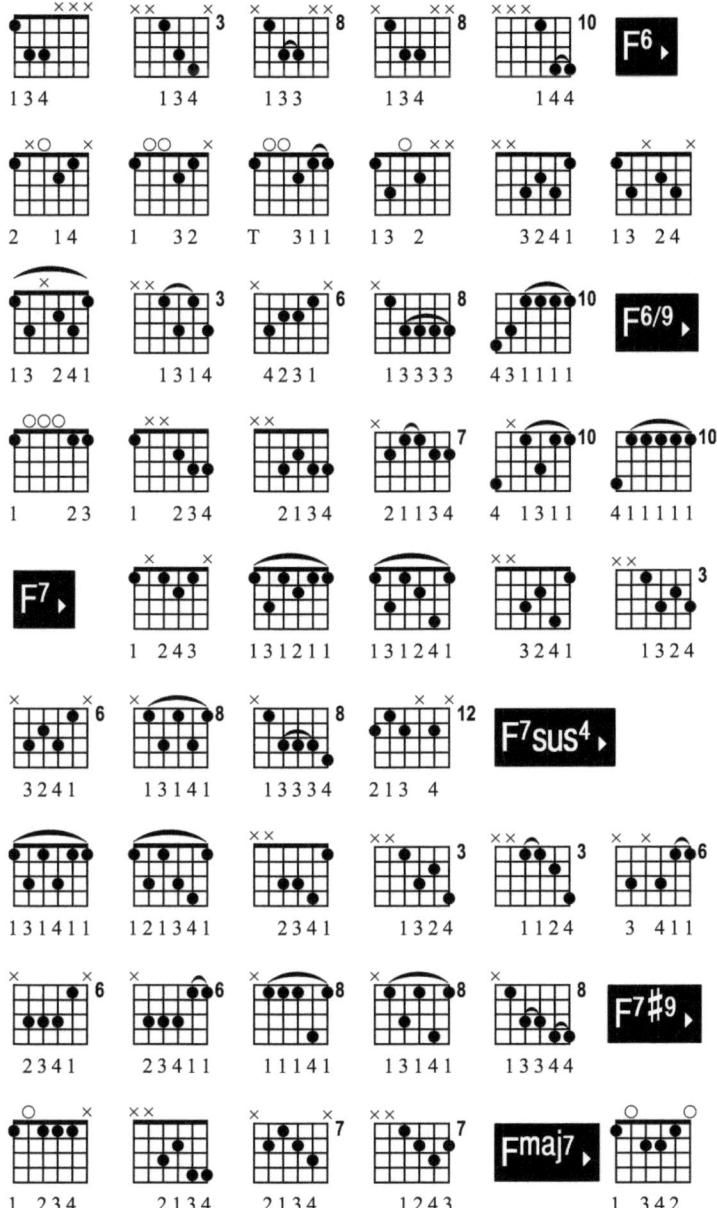

F6

F6/9

F7

F7sus4

F7#9

Fmaj7

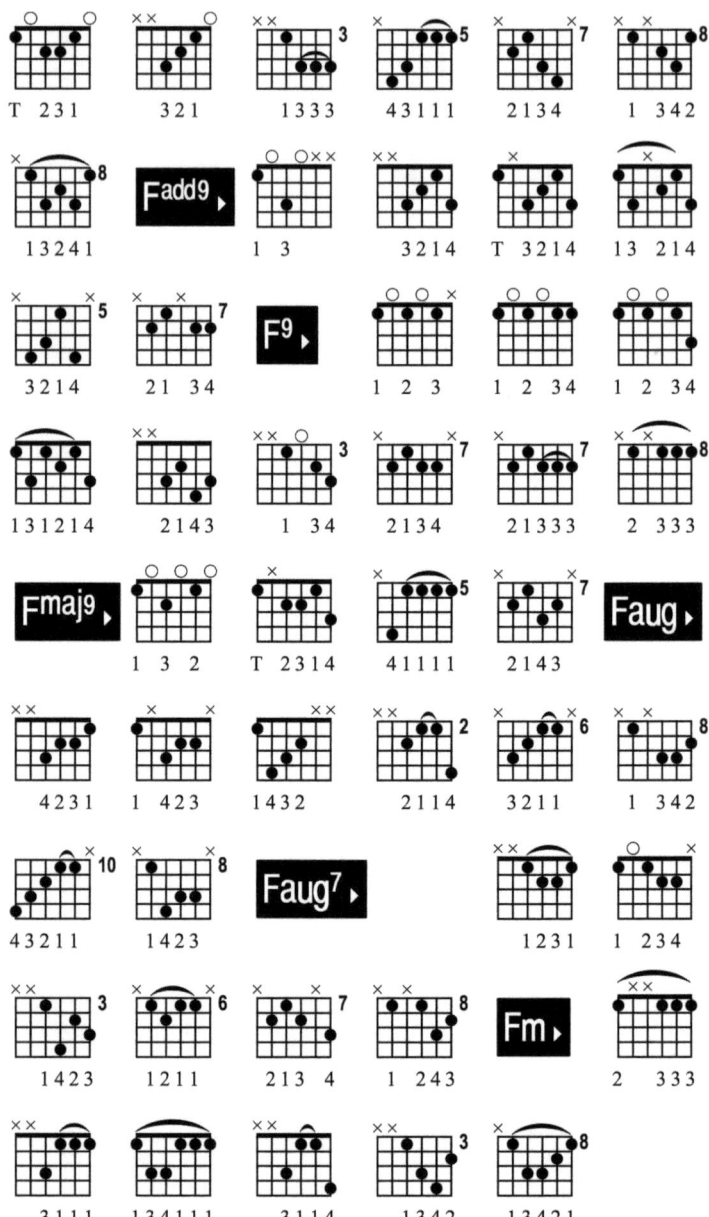

52

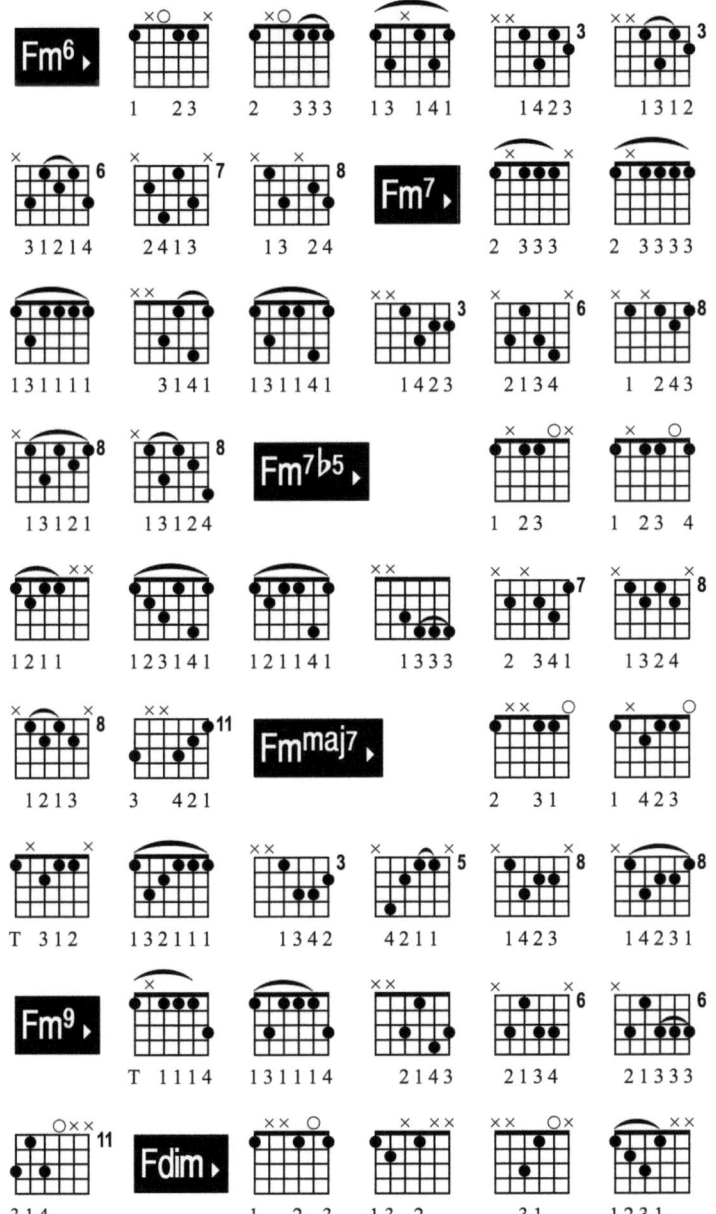

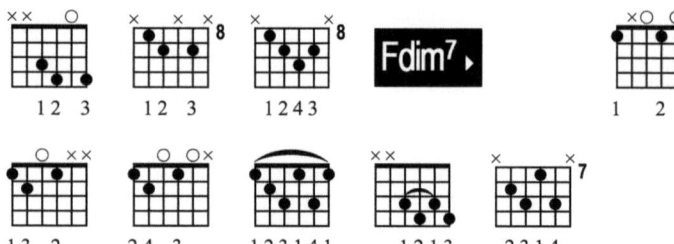

F# = Gb

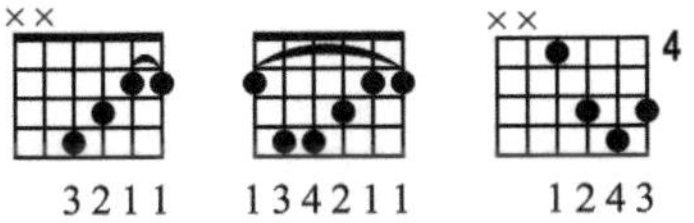

3 2 1 1

1 3 4 2 1 1

1 2 4 3

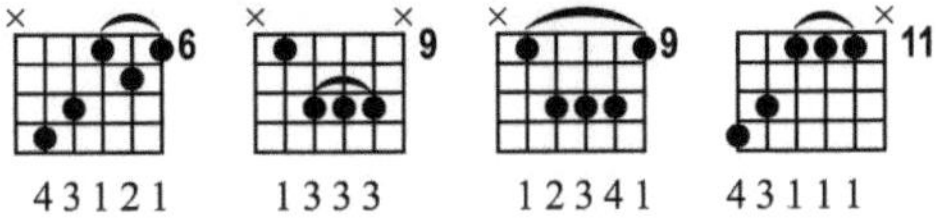

4 3 1 2 1

1 3 3 3

1 2 3 4 1

4 3 1 1 1

F#/A# = Gb/Bb ▸

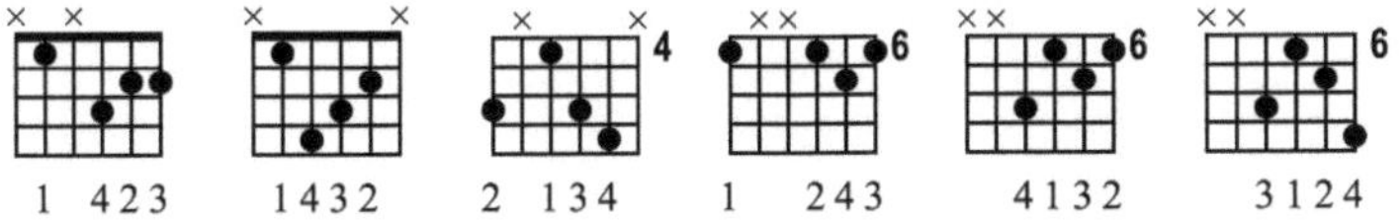

1   4 2 3

1 4 3 2

2   1 3 4

1   2 4 3

4 1 3 2

3 1 2 4

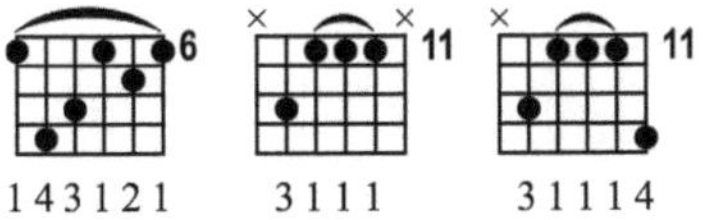

1 4 3 1 2 1

3 1 1 1

3 1 1 1 4

F#/C# = Gb/Db ▸

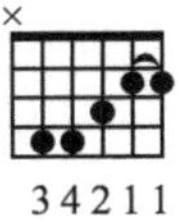

3 4 2 1 1

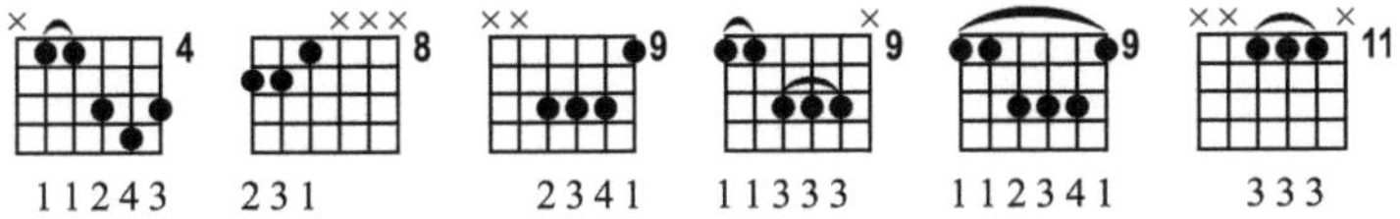

1 1 2 4 3

2 3 1

2 3 4 1

1 1 3 3 3

1 1 2 3 4 1

3 3 3

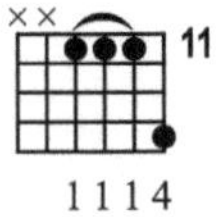

1 1 1 4

F#sus² ▸

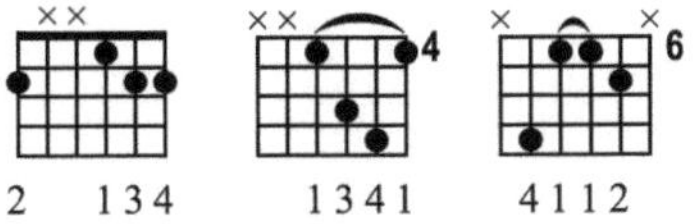

2   1 3 4

1 3 4 1

4 1 1 2

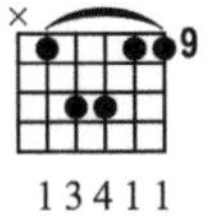

1 3 4 1 1

F#sus⁴ ▸

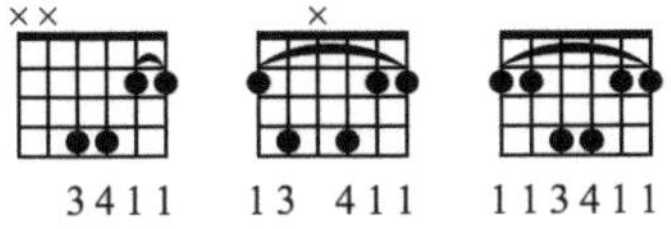

3 4 1 1

1 3   4 1 1

1 1 3 4 1 1

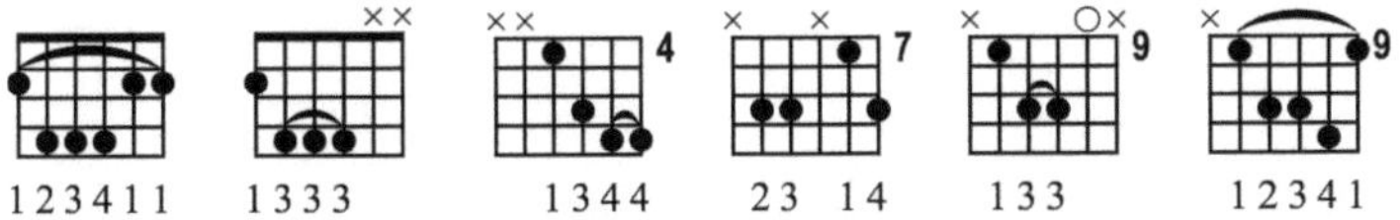

1 2 3 4 1 1

1 3 3 3

1 3 4 4

2 3   1 4

1 3 3

1 2 3 4 1

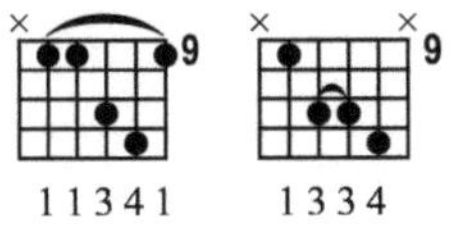

1 1 3 4 1

1 3 3 4

F#5 ▸

1 3 3

1 3 4

1 3 4

55

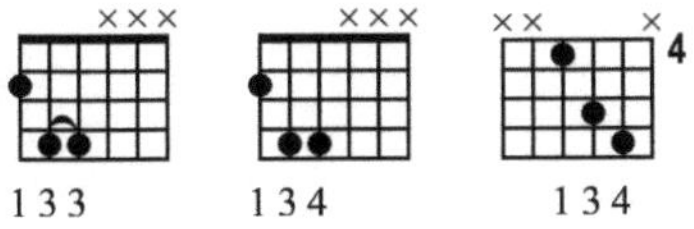

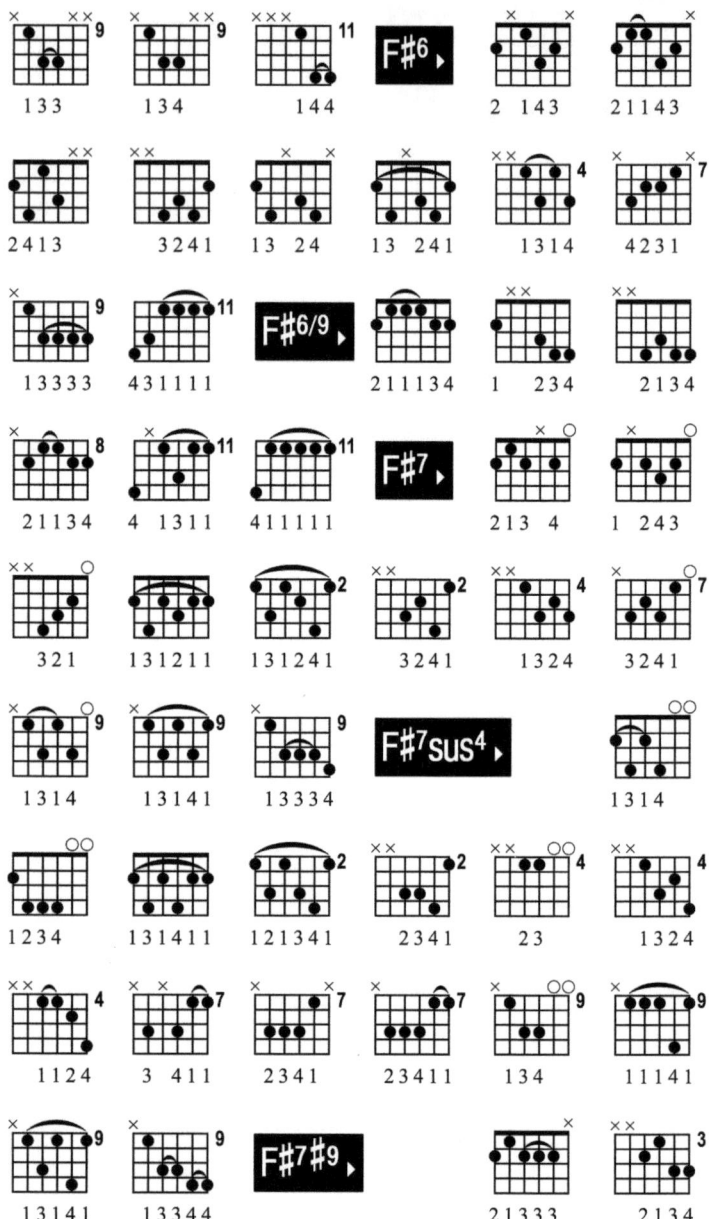

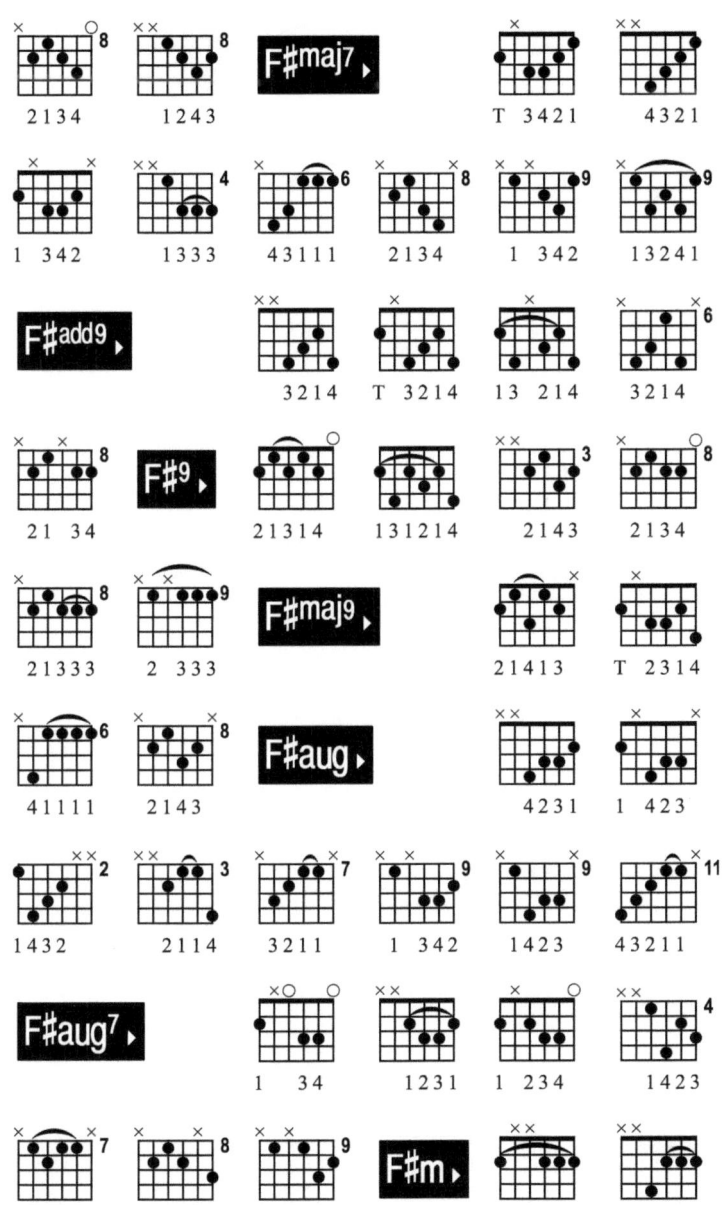

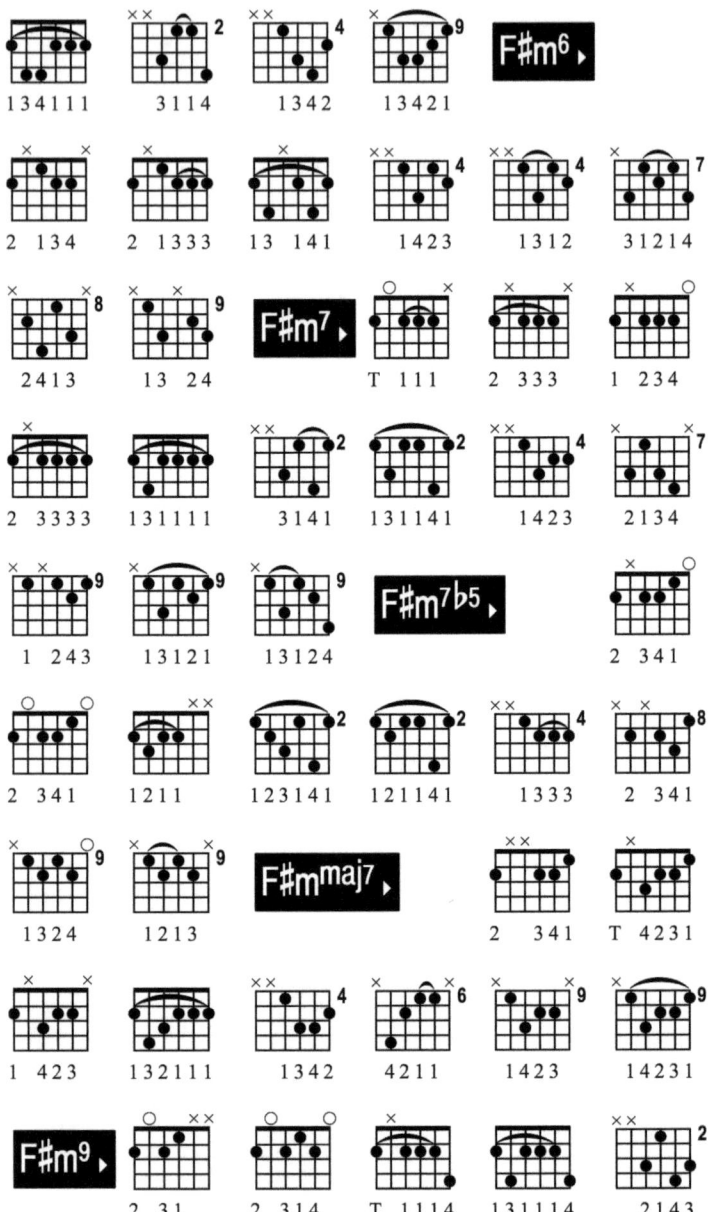

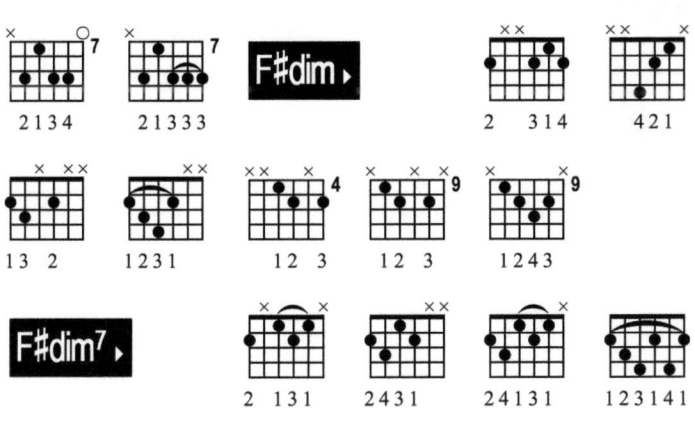

F#dim ▸

F#dim⁷ ▸

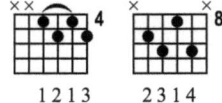

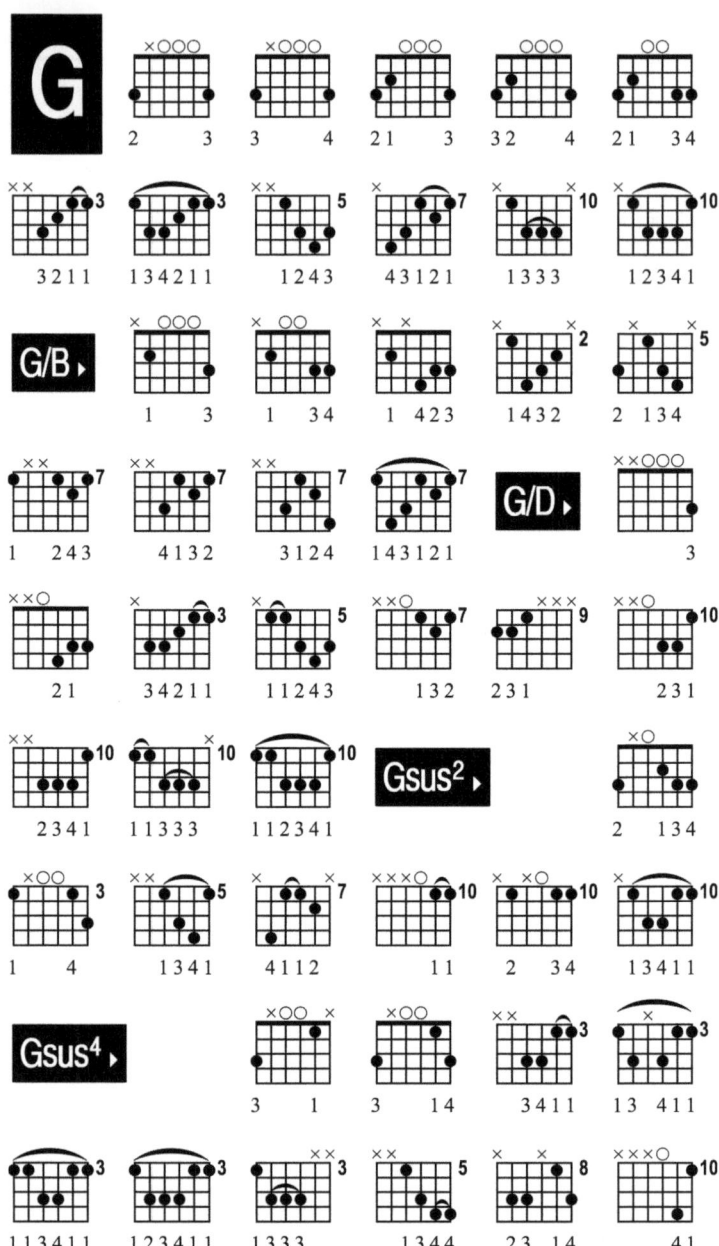

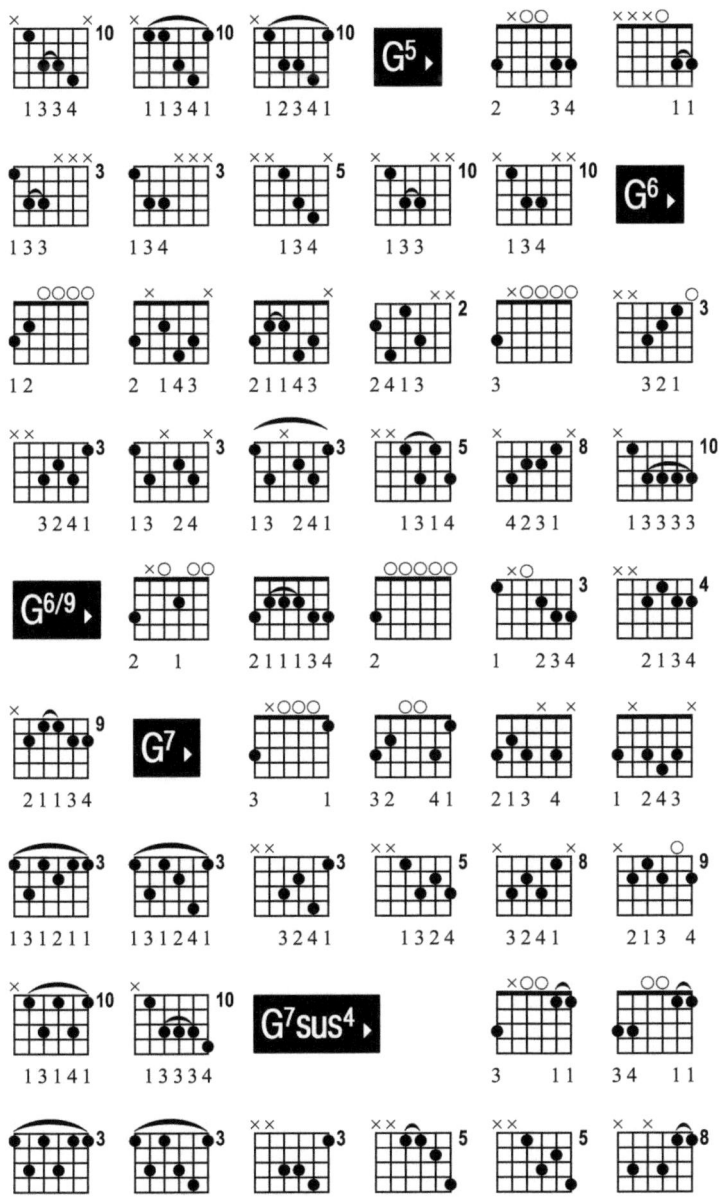

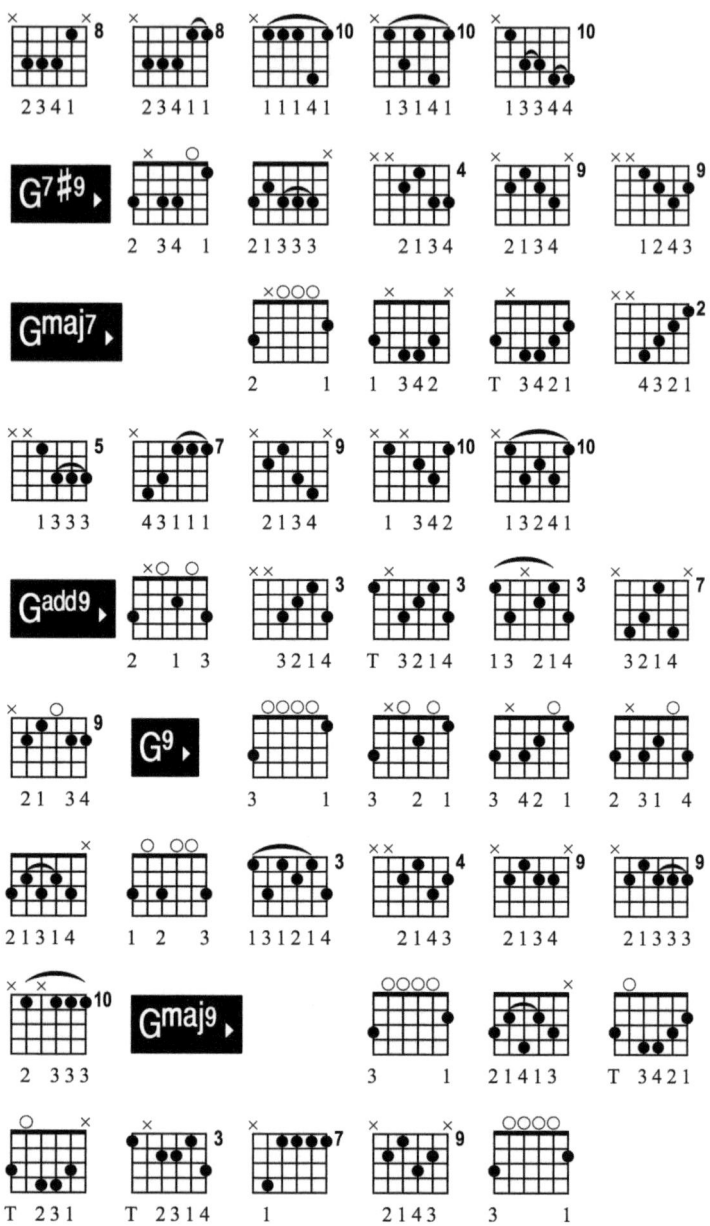

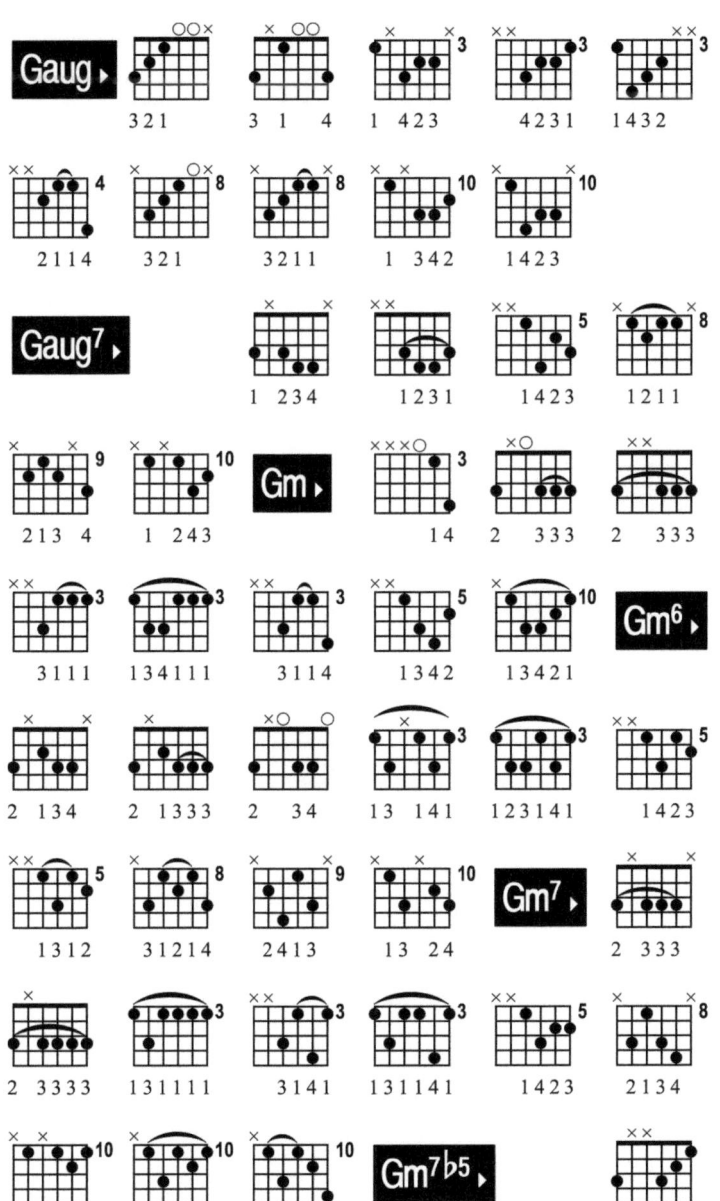

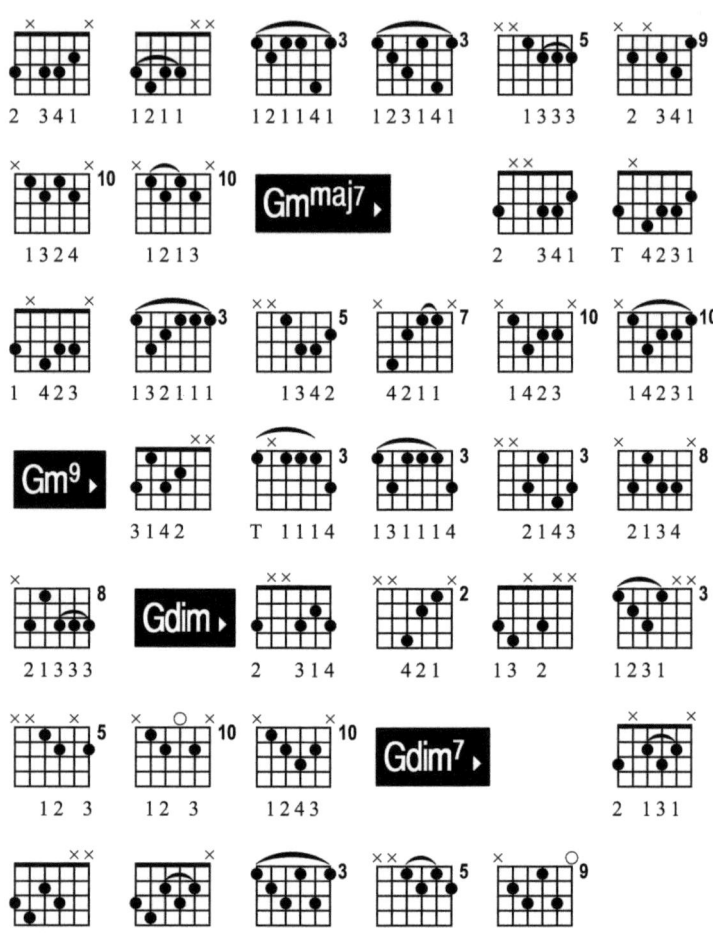

G# = Ab

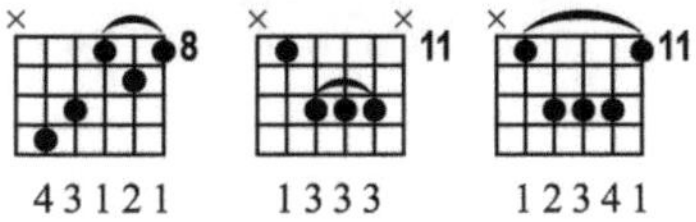

3 2 1 1   1 3 4 2 1 1   1 2 4 3

4 3 1 2 1   1 3 3 3   1 2 3 4 1   4 3 1 1 1   **G#/C ▸**   3 1 1 1

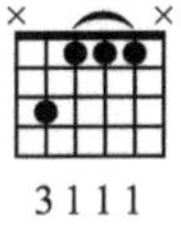

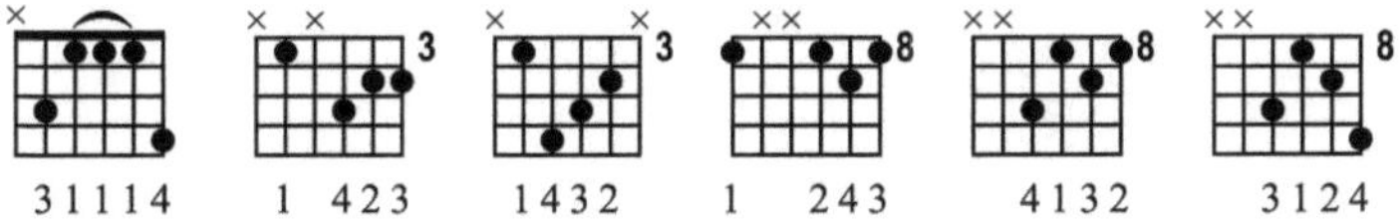

3 1 1 1 4   1 4 2 3   1 4 3 2   1   2 4 3   4 1 3 2   3 1 2 4

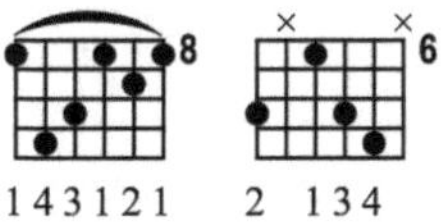

1 4 3 1 2 1   2 1 3 4   **G#/D# = Ab/Eb ▸**   1 1 1

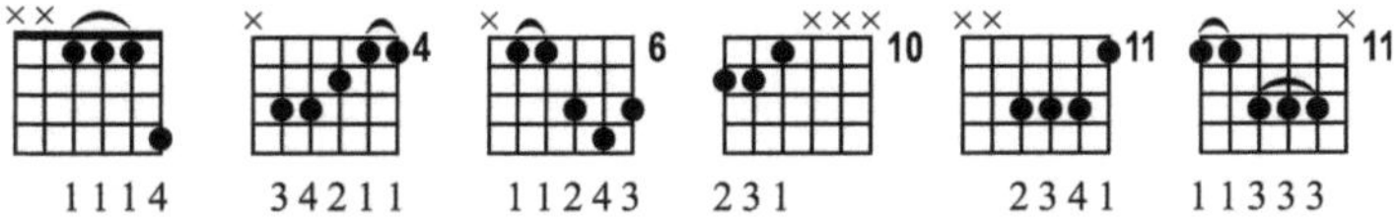

1 1 1 4   3 4 2 1 1   1 1 2 4 3   2 3 1   2 3 4 1   1 1 3 3 3

1 1 2 3 4 1   **G#sus² ▸**   2   1 3 4   1 3 4 1   4 1 1 2

1 3 4 1 1   **G#sus⁴ ▸**   3 4 1 1   1 3 4 1 1   1 1 3 4 1 1

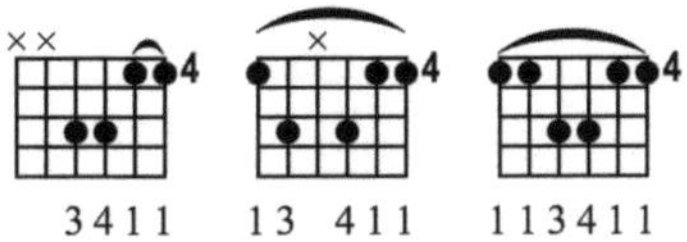

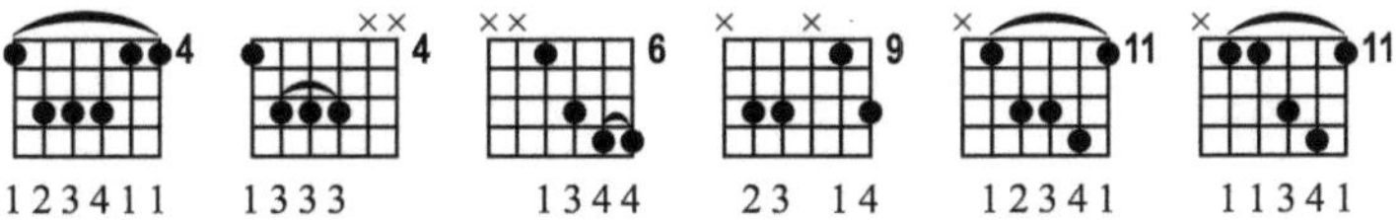

1 2 3 4 1 1   1 3 3 3   1 3 4 4   2 3 1 4   1 2 3 4 1   1 1 3 4 1

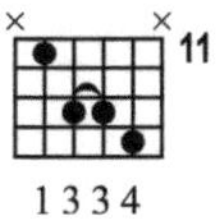

1 3 3 4   **G#5 ▸**   1 4 4   1 3 3   1 3 4   1 3 4

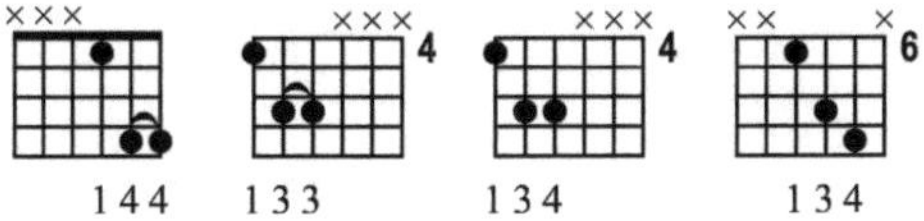

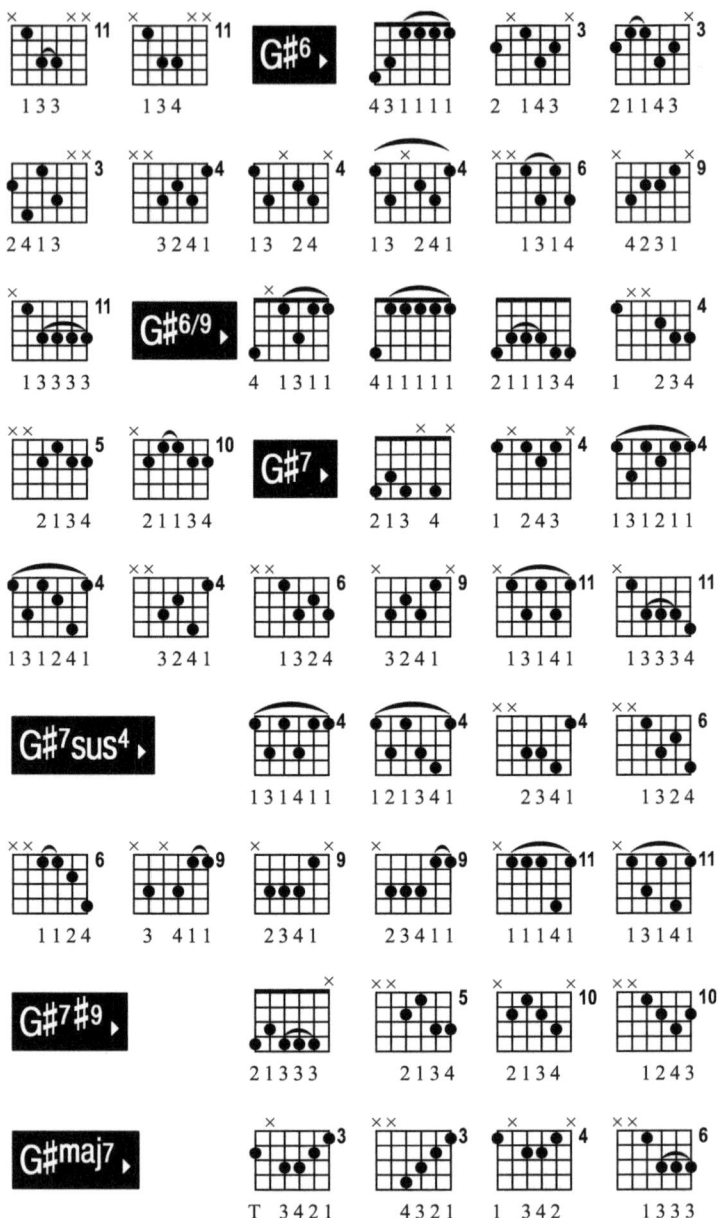

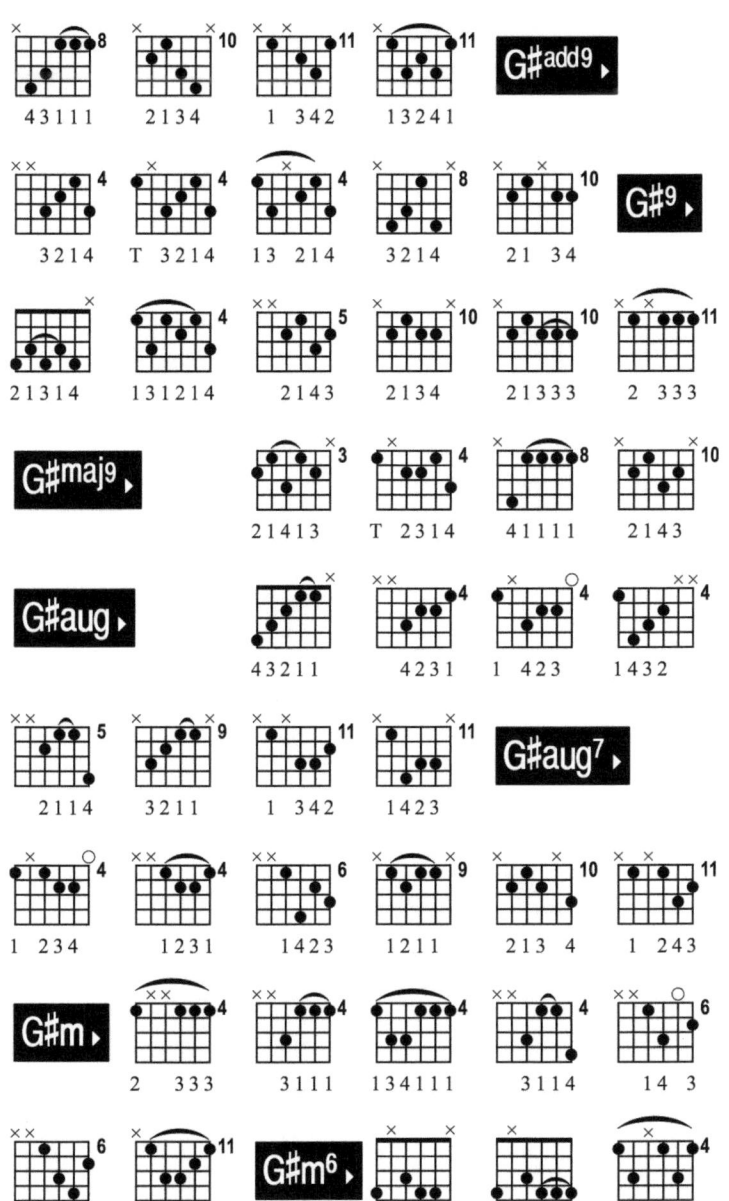

G#add9

4 3 1 1 1   2 1 3 4   1 3 4 2   1 3 2 4 1

G#9

3 2 1 4   T 3 2 1 4   1 3 2 1 4   3 2 1 4   2 1 3 4

2 1 3 1 4   1 3 1 2 1 4   2 1 4 3   2 1 3 4   2 1 3 3 3   2 3 3 3

G#maj9

2 1 4 1 3   T 2 3 1 4   4 1 1 1 1   2 1 4 3

G#aug

4 3 2 1 1   4 2 3 1   1 4 2 3   1 4 3 2

2 1 1 4   3 2 1 1   1 3 4 2   1 4 2 3

G#aug7

1 2 3 4   1 2 3 1   1 4 2 3   1 2 1 1   2 1 3 4   1 2 4 3

G#m

2 3 3 3   3 1 1 1   1 3 4 1 1 1   3 1 1 4   1 4 3

1 3 4 2   1 3 4 2 1

G#m6

2 1 3 4   2 1 3 3 3   1 3 1 4 1

67

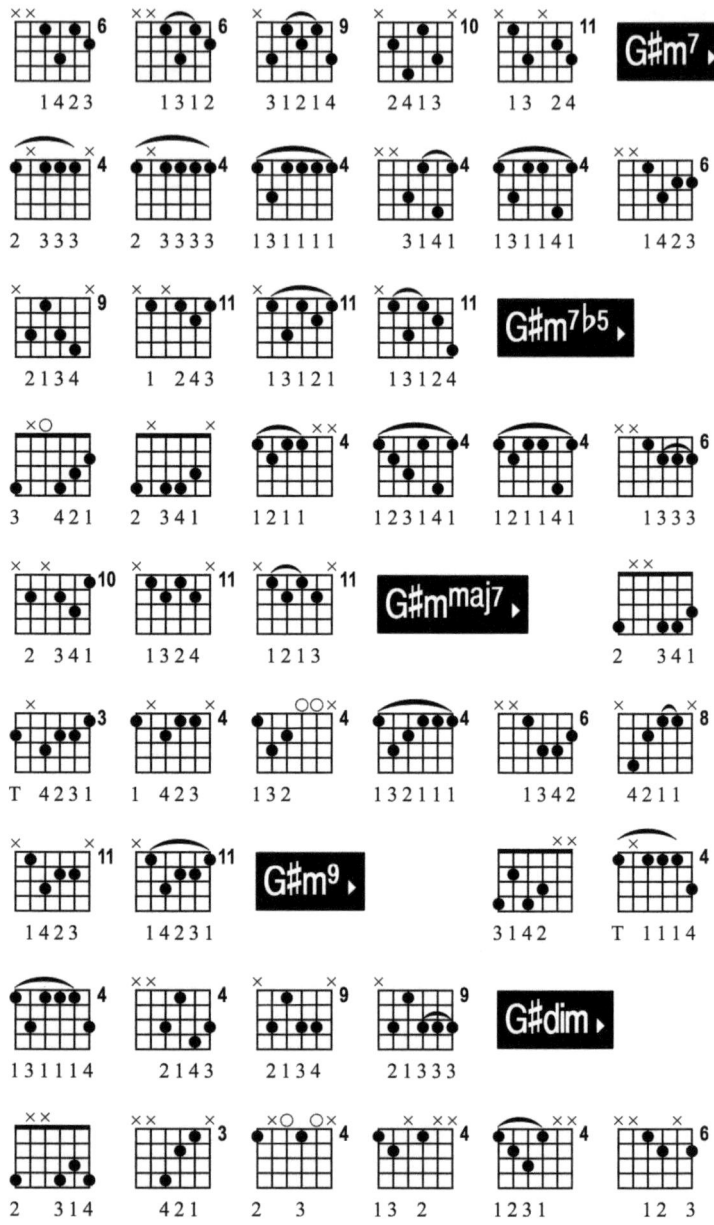

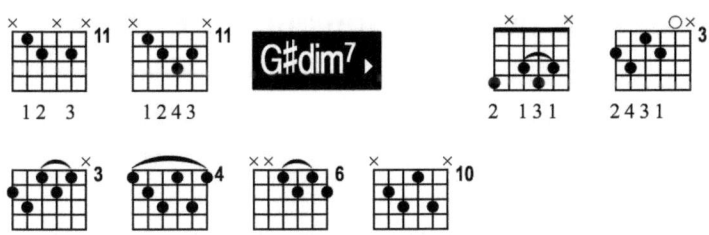

G#dim⁷ ▸

11   11

1 2 3   1 2 4 3   2 1 3 1   2 4 3 1

3

3   4   6   10

2 4 1 3 1   1 2 3 1 4 1   1 2 1 3   2 3 1 4

Powerchords: Grundton auf der E-Saite

E

Griff-Formen

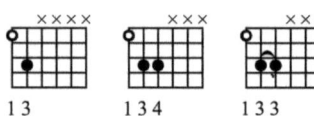

Powerchords bestehen aus nur zwei verschiedenen Tönen: dem Grundton und der Quinte.

Diese Griff-Formen können entlang der E-Saite in jede Tonlage geschoben werden. Der **Grundton auf der E-Saite** dient als Orientierung. Der Zeigefinger 1 greift den Grundton.

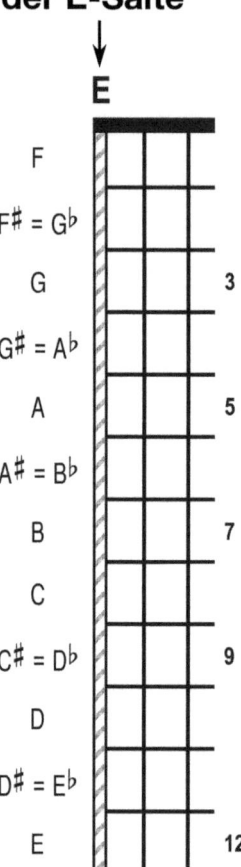

Beispiele

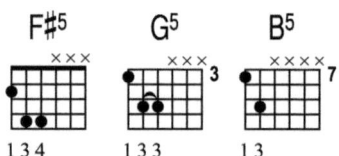

70

Powerchords: Grundton auf der A-Saite

Griff-Formen

1 3

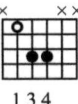
1 3 4

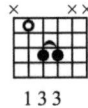
1 3 3

Powerchords bestehen aus nur zwei verschiedenen Tönen: dem Grundton und der Quinte.

Diese Griff-Formen können entlang der A-Saite in jede Tonlage geschoben werden. Der **Grundton auf der A-Saite** dient als Orientierung. Der Zeigefinger 1 greift den Grundton.

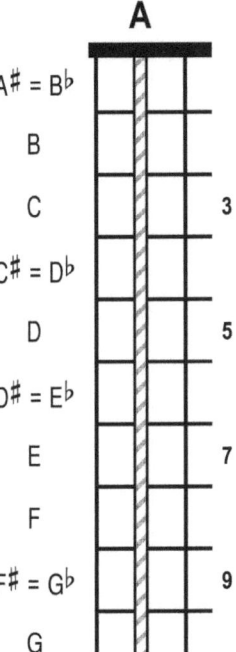

Beispiele

$B\flat^5$

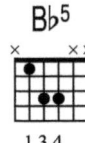
1 3 4

C^5

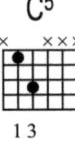
1 3

$D\sharp^5$

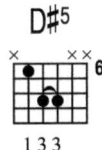
1 3 3

Powerchords: Grundton auf der D-Saite

D

Griff-Formen

 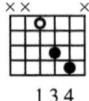

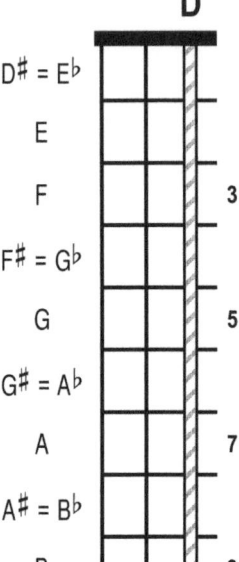

D♯ = E♭

E

F   3

F♯ = G♭

G   5

G♯ = A♭

A   7

A♯ = B♭

B   9

C

C♯ = D♭

D   12

Powerchords bestehen aus nur
zwei verschiedenen Tönen: dem
Grundton und der Quinte.

Diese Griff-Formen können ent-
lang der D-Saite in jede Tonlage
geschoben werden. **Der Grund-
ton auf der D-Saite** dient als
Orientierung. Der Zeigefinger 1
greift den Grundton.

Beispiele

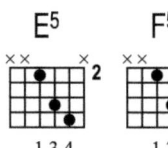

E⁵   F⁵

Barrégriffe in E-Form

Griff-Formen am Beispiel G

G	G^{SUS4}	G^{SUS4}	G^{SUS4}
1 3 4 2 1 1	1 3 4 1 1	1 1 3 4 1 1	1 2 3 4 1 1

G^6	G^7	G^7	G^{7SUS4}
1 3 2 4 1	1 3 1 2 1 1	1 3 1 2 4 1	1 3 1 4 1 1

G^{7SUS4}	G^{add9}	Gm	Gm^6
1 2 1 3 4 1	1 3 2 1 4	1 3 4 1 1 1	1 3 1 4 1

Gm^7	Gm^7	Gm$^{7♭5}$	Gm$^{7♭5}$
1 3 1 1 1 1	1 3 1 1 4 1	1 2 1 1 4 1	1 2 3 1 4 1

Gm$^{(maj7)}$	Gm^9	Gdim	Gdim^7
1 3 2 1 1 1	1 3 1 1 1 4	1 2 3 1	1 2 3 1 4 1

E

F
F$^\sharp$ = G$^\flat$
G   3
G$^\sharp$ = A$^\flat$
A   5
A$^\sharp$ = B$^\flat$
B   7
C
C$^\sharp$ = D$^\flat$ 9
D
D$^\sharp$ = E$^\flat$
E   12

Die Griff-Formen können entlang der E-Saite in jede Tonlage geschoben werden. Der **Grundton auf der E-Saite** dient als Orientierung.

Barrégriffe in A-Form

Griff-Formen am Beispiel C

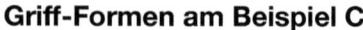

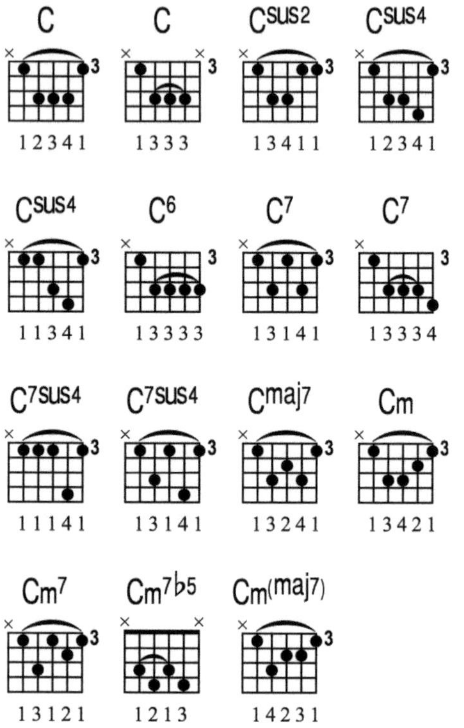

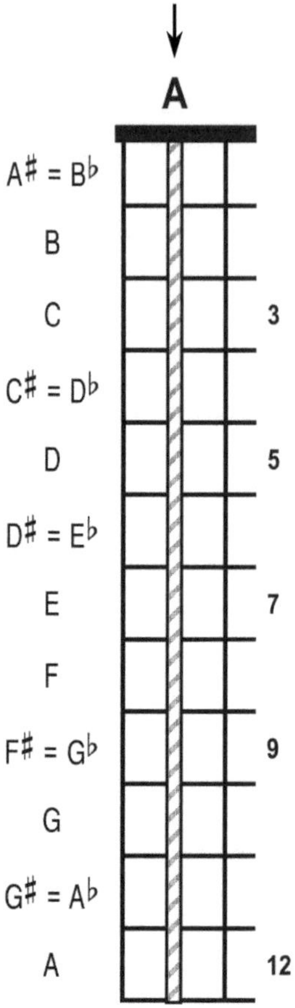

C   C   C^{sus2}   C^{sus4}

1 2 3 4 1   1 3 3 3   1 3 4 1 1   1 2 3 4 1

C^{sus4}   C⁶   C⁷   C⁷

1 1 3 4 1   1 3 3 3 3   1 3 1 4 1   1 3 3 3 4

C^{7sus4}   C^{7sus4}   C^{maj7}   Cm

1 1 1 4 1   1 3 1 4 1   1 3 2 4 1   1 3 4 2 1

Cm⁷   Cm^{7♭5}   Cm^(maj7)

1 3 1 2 1   1 2 1 3   1 4 2 3 1

A# = B♭
B
C   3
C# = D♭
D   5
D# = E♭
E   7
F
F# = G♭   9
G
G# = A♭
A   12

Die Griff-Formen können entlang der A-Saite in jede Tonlage geschoben werden. Der **Grundton auf der A-Saite** dient als Orientierung.

Tipps

1. Die gängigen Griffe zu einem Akkord, die man als erste lernt, nennt man auch **Basisgriffe**. Sie befinden sich in der Nähe des Sattels und beinhalten offene Saiten. Diese Griffe sind in der Sammlung jeweils zuerst aufgeführt. Akkordgriffe **mit offenen Saiten** sind oft eine gute Wahl, was den Klang betrifft.

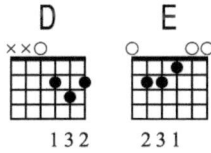

2. Zu jedem Akkord gibt es mehrere Griffvarianten. Bevorzuge die Variante, mit der das **Umgreifen** vom vorausgehenden zum nachfolgenden Griff flüssig funktioniert.

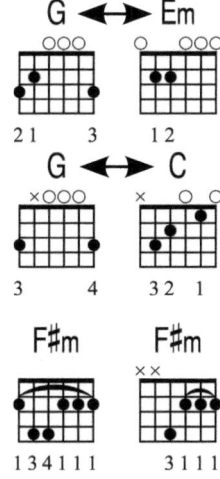

3. Du brauchst einen Akkordgriff nicht immer komplett zu greifen und zu spielen. **Teilgriffe** können sogar reizvoller klingen, besonders im Zusammenspiel mit andreren Instrumenten.

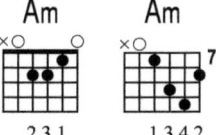

4. Mit einem **zweiten Gitarristen** wird der Gesamtklang besser, wenn ihr Griffe in verschiedenen Lagen spielt.

5. **Slash Chords**: Spielst du in einer Band, überlasse dem Bassspieler den Basston. Zum Beispiel C/E: Du spielst den Akkord C, der Bass den Basston E.